普通高等学校城市轨道交通专业规划教材组织委员会

主　任　罗　斌　王丰胜
副主任　储继红　胡勇健　刘明亮　李　锐
委　员　郑　斌　廉　星　刘蓉蓉　朱海燕　李建洋　娄　智
　　　　　杨光明　左美生

普通高等学校城市轨道交通专业规划教材编写委员会

主　编　李　锐　刘蓉蓉
副主编　郑　斌　段明华
编　委　张国侯　李宇辉　穆中华　左美生　娄　智　李志成
　　　　　兰清群　钟晓旭　李队员　王晓飞　李泽军　李艳艳
　　　　　颜　争　彭　骏　黄建中　周云娣　陈　谦　黄远春
　　　　　田　亮　文　杰　任志杰　李国伟　薛　亮　牛云霞
　　　　　张　荣　苏　颖　孔　华　高剑锋　储　粲　孙醒鸣
　　　　　罗　涛　胡永军　洪　飞　韦允城　吴文苗　钟　高
　　　　　张诗航　张敬文　武止戈　吴　柳　赵　猛　沙　磊
　　　　　吴　仃　赵瑞雪　聂化东　彭元龙　胡　啸　干　慧
　　　　　项红叶　马晓丹　孙　欣　邹正军　余泳逸

普通高等学校"十三五"省级规划教材
普通高等学校城市轨道交通专业规划教材

城市轨道交通综合监控技术与应用

主　编　段明华　胡永军
编写人员（以姓氏笔画为序）
　　　　马晓丹　王　怡　毕　涛
　　　　吴文苗　胡永军　段明华
　　　　彭元龙

中国科学技术大学出版社

内 容 简 介

本书为城市轨道交通机电技术专业相关课程的配套教材,聚焦城市轨道交通综合监控系统,介绍了综合监控系统的原理及实际应用技巧。涵盖综合监控系统概述、综合监控系统网络与通信基础、综合监控系统硬件配置、环境与设备监控子系统、火灾自动报警监控子系统、门禁子系统、电力监控子系统、闭路电视监控子系统、综合监控检修和故障处理等内容,旨在培养学习者对城市轨道交通综合监控系统的应用能力和突发事件的处理能力。

本书可供高校城市轨道交通类、智能交通类、机电类专业使用,也可供相关行业技术人员参考。

本书著作权由安徽交通职业技术学院与合肥市轨道交通集团有限公司共同拥有。

图书在版编目(CIP)数据

城市轨道交通综合监控技术与应用/段明华,胡永军主编. —合肥:中国科学技术大学出版社,2022.3

安徽省普通高等学校"十三五"省级规划教材

ISBN 978-7-312-05365-8

Ⅰ. 城… Ⅱ. ①段… ②胡… Ⅲ. 城市铁路—铁路通信—交通监控系统 Ⅳ. U239.5

中国版本图书馆 CIP 数据核字(2022)第 024380 号

城市轨道交通综合监控技术与应用
CHENGSHI GUIDAO JIAOTONG ZONGHE JIANKONG JISHU YU YINGYONG

出版	中国科学技术大学出版社 安徽省合肥市金寨路96号,230026 http://press.ustc.edu.cn https://zgkxjsdxcbs.tmall.com
印刷	安徽省瑞隆印务有限公司
发行	中国科学技术大学出版社
开本	787 mm×1092 mm 1/16
印张	12
字数	292 千
版次	2022年3月第1版
印次	2022年3月第1次印刷
定价	34.00元

总 序

本套教材根据城市轨道交通运营管理、城市轨道交通通信信号技术、城市轨道交通车辆技术、城市轨道交通机电技术、城市轨道交通供配电技术专业的人才培养需要，结合对职业岗位能力的要求，由安徽交通职业技术学院、南京铁道职业技术学院、郑州铁路职业技术学院、上海工程技术大学、沈阳交通高等专科学校、新疆交通职业技术学院、合肥职业技术学院、合肥铁路工程学校、合肥市轨道交通集团有限公司、深圳城市轨道交通运营公司、杭州城市轨道交通运营公司、宁波城市轨道交通运营公司、郑州铁路局等单位共同编写。

本套教材整合了国内主要城市轨道交通运营企业现场作业的内容，以实际工作项目为主线，以项目中的具体工作任务作为知识学习要点，并针对各项任务设计模拟实训与思考练习，实现了通过课堂环境模拟现场岗位作业情景促进学生自我学习、自我训练的目标，体现了"岗位导向、学练一体"的教学理念。

本套教材涵盖城市轨道交通运营管理、城市轨道交通通信信号技术、城市轨道交通车辆技术、城市轨道交通机电技术、城市轨道交通供配电技术专业，可作为以上各相关专业课程的教材，并可供相关城市轨道交通运营企业相关人员参考。

普通高等学校城市轨道交通专业规划教材
编写委员会

前　言

"城市轨道交通综合监控技术与应用"是城市轨道交通机电技术专业方向的一门技术应用课程，旨在培养学习者对城市轨道交通综合监控系统的应用能力和突发事件的处理能力。随着地铁系统智能化技术的快速发展和应用，相关岗位员工需要具备相应的技术能力。

为适应全面提高高等职业教育教学质量和培养面向生产、建设、服务、管理第一线需要的高技能人才的要求，本书立足于高等职业教育人才培养目标，本着"理论与实践一体化"的原则，在内容安排上力求循序渐进，由浅入深，以实用为宗旨，以应用为目的，结合城市轨道交通综合监控系统近几年的发展而编写，重点介绍综合监控系统结构、系统硬件配置、BAS系统、FAS子系统和综合应用等方面，力求图文并茂。

全书分为技术篇和应用篇两大类，其中技术篇主要介绍城市轨道交通综合监控系统原理和理论部分，包括城市轨道交通综合监控系统概述、城市轨道交通综合监控系统网络与通信基础、城市轨道交通综合监控系统硬件配置、城市轨道交通BAS子系统和城市轨道交通FAS子系统、城市轨道交通门禁子系统和城市轨道交通其他综合监控子系统，共7章。应用篇主要介绍城市轨道交通综合监控系统的实际应用和操作，包括城市轨道交通综合监控操作、城市轨道交通综合监控典型故障及处理和城市轨道交通综合监控检修，共3章。

本书内容全面、重点突出、层次清晰、结构新颖、实用性强，可作为高校轨道交通类、智能交通类、机电类等有关专业相关课程的教材，也可作为地铁相关工程技术人员的入职培训教材和参考书。

本书第1章由合肥铁路工程学校马晓丹编写；第2、3章由合肥职业技术学院彭元龙编写；第4、5章由安徽交通职业技术学院段明华编写；第6章由安徽创源投资集团有限公司毕涛编写；第7章由安徽交通职业技术学院王怡编写；第8章由合肥市轨道交通集团有限公司运营分公司吴文苗编写；第9、10章由合肥市轨道交通集团有限公司运营分公司胡永军编写。全书由段明华统稿，安徽交通职业技术学院李锐和彭骏审稿。

由于时间仓促，加之编者水平有限，书中难免有不妥之处，敬请广大读者批评指正。

编　者

目 录

总序 ··· (i)

前言 ··· (iii)

技 术 篇

第1章 城市轨道交通综合监控系统概述 ·· (3)
   1.1 综合监控系统概述 ··· (3)
   1.2 综合监控系统功能 ··· (7)
   1.3 综合监控系统软件系统 ··· (12)

第2章 城市轨道交通综合监控系统网络与通信基础 ···································· (20)
   2.1 计算机网络概述 ··· (20)
   2.2 通信概述 ·· (31)
   2.3 网络设备 ·· (35)

第3章 城市轨道交通综合监控系统硬件配置 ··· (38)
   3.1 服务器 ·· (38)
   3.2 磁盘阵列 ·· (40)
   3.3 操作工作站 ··· (43)
   3.4 UPS 电源设备 ·· (44)
   3.5 大屏幕系统 ··· (47)
   3.6 IBP 盘 ·· (48)

第4章 城市轨道交通 BAS 子系统 ··· (59)
   4.1 BAS 系统概述 ·· (59)
   4.2 BAS 组成及功能 ··· (60)
   4.3 各类传感器 ··· (64)
   4.4 系统接口 ·· (66)

4.5 人机界面 …… (69)
4.6 BAS 系统监控内容 …… (79)

第 5 章　城市轨道交通 FAS 子系统 …… (82)
5.1 FAS 系统的基本介绍 …… (82)
5.2 FAS 系统与各专业接口 …… (86)
5.3 NFS-3030 火灾报警系统操作 …… (95)
5.4 FAS 系统火灾操作方法 …… (104)
5.5 线型感温探测系统操作 …… (108)
5.6 可恢复式缆式线型差定温火灾探测器 …… (110)
5.7 吸气式极早期烟雾探测系统操作 …… (112)

第 6 章　城市轨道交通门禁子系统 …… (114)
6.1 门禁系统结构 …… (114)
6.2 门禁系统工作模式 …… (118)
6.3 接口 …… (120)

第 7 章　城市轨道交通其他综合监控子系统 …… (123)
7.1 PSCADA 子系统 …… (123)
7.2 CCTV 子系统 …… (132)

应　用　篇

第 8 章　城市轨道交通综合监控操作 …… (139)
8.1 BAS 系统设备监控操作 …… (139)
8.2 FAS 设备监控操作 …… (147)
8.3 门禁设备监控操作 …… (151)
8.4 其他设备监控操作 …… (154)

第 9 章　城市轨道交通综合监控典型故障及处理 …… (157)
9.1 故障处理前的准备工作 …… (157)
9.2 故障处理的一般流程 …… (157)
9.3 典型故障类型 …… (157)

第 10 章　城市轨道交通综合监控检修 …… (162)
10.1 综合监控检修工器具 …… (162)
10.2 综合监控检修流程 …… (165)
10.3 综合监控检修标准 …… (166)

参考文献 …… (181)

技 术 篇

第1章　城市轨道交通综合监控系统概述

1.1　综合监控系统概述

1.1.1　综合监控系统概念

在城市轨道交通运营中,为了保证旅客的安全、列车的有效运营和设备的正常工作,必须对各个环节进行监控管理。近年来,随着科学技术的进步和计算机集成技术的发展,通过统一平台将多个地铁机电系统进行集成的设想成为了可能,城市轨道交通综合监控系统(integrated supervisory control system,简称 ISCS)应运而生。

《城市轨道交通综合监控系统工程技术标准》(GB/T 50636—2018)中对城市轨道交通监控系统作了如下定义:城市轨道交通监控系统是对城市轨道交通线路中机电设备进行监控的分层分布式计算机集成系统。

《合肥地铁技术规格书》中指出:综合监控系统的主要目的是用系统化方法将各自分散的自动化系统联结为一个有机的整体,实现轨道交通各专业系统之间的信息互通、资源共享,提高各系统的协调配合能力,高效实现系统间的联动,提高轨道交通全线的整体自动化水平。

总的来说,城市轨道交通综合监控系统用系统化的方法将分散独立的各类自动化系统联结为一个有机的整体,形成一个新的综合型的自动化监控系统。该系统解决城市轨道交通中各专业之间的信息互通、资源共享等问题,提高各系统的协调配合能力,实现系统间的高效联动机制。在技术层面上提供高效的技术手段,增强运营管理人员应对各种突发事件的应变能力,提高反应速度,增强灾害事故的抵御能力,提高城市轨道交通运营服务质量和服务水平。

1.1.2　综合监控系统构成

ISCS 作为一个综合信息化平台,按两级管理(中央、车站)、三级控制(中央、车站及就地)的原则进行设计。ISCS 传输层和网络层的功能皆由综合监控系统以太网交换机完成。通过光纤将各站点和中央的以太网交换机相连,组成一个全线相对封闭的大型局域网。ISCS 典型布局结构如图 1.1 所示。

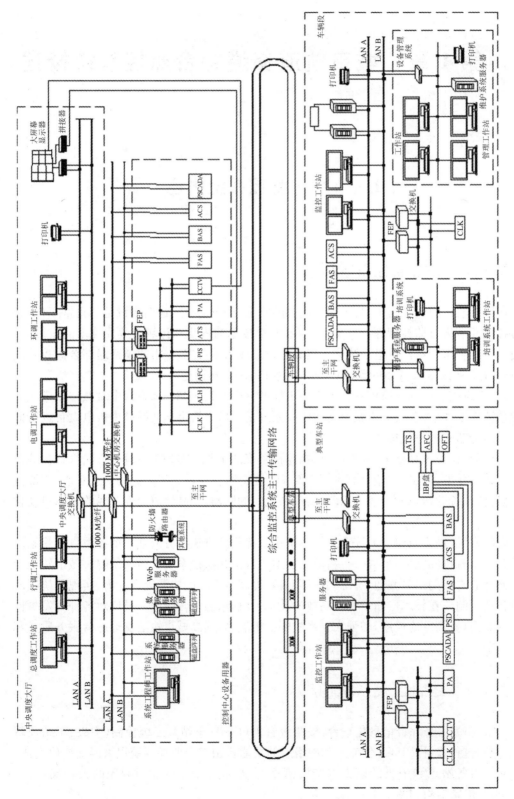

图 1.3 ISCS 综合监控系统典型布局设计图

中央级综合监控系统(CISCS)位于运营控制中心(OCC),由多种设备组成。在紧急情况下,能够迅速地决策并做出响应,开启各设备之间的联动关系,以快速应对突发事件。车站综合监控系统(SISCS)设置于车站控制室,实现所辖区域所有机电设施设备的运行监视,以提高车站的安全性,为乘客创造一个舒适良好的空间。车辆段综合监控系统位于车辆检修基地信号楼内,与车站综合监控系统构成相似,因车辆段无乘客需求,因而不需要考虑与乘客相关设备的专业对接。

中央级综合监控系统组成结构如图1.2所示。

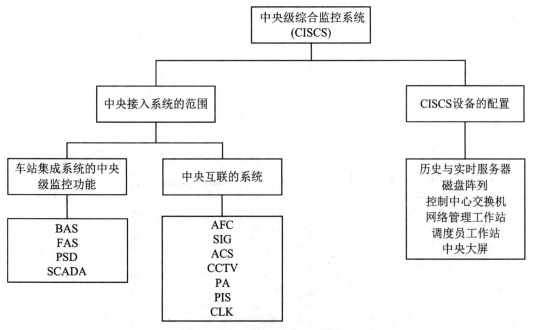

图 1.2　中央级综合监控系统结构

车站级综合监控系统对本车站管辖范围内的设施设备进行状态监控,并实时采集相关数据,供工作人员处理。车站综合监控系统组成结构如图1.3所示。

现场级的控制设备由中心和各车站的冗余以太网交换机和各站点间的光纤网络等组成,ISCS单独组网,一般情况下应用工业控制网络或现场总线的结构。

1.1.3　综合监控系统术语

模式控制(mode control):综合监控系统在事件触发或状态触发下执行的一个控制序列或控制预案。

阻塞模式控制(congestion mode control):综合监控系统接收列车自动监控系统提供的列车阻塞信息,并根据列车阻塞位置情况,采用自动或手动方式启动对应的控制模式。

火灾模式控制(fire mode control):综合监控系统接收火灾自动报警系统发出确认的火灾报警信息并进入消防联动和运行的控制模式。

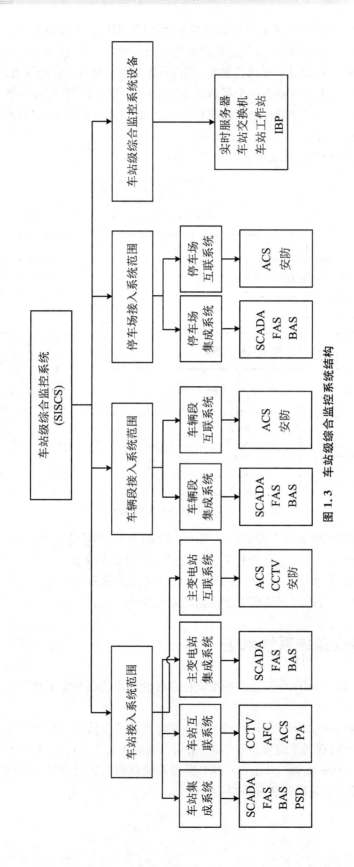

图 1.3 车站级综合监控系统结构

1.2 综合监控系统功能

1.2.1 通用功能

① 综合监控系统应满足正常模式、阻塞模式、故障模式和灾害模式的联动控制要求。触发联动控制应包括事件触发、时间触发和人工触发。

② 综合监控系统应具有模式控制、顺控及点控功能。

③ 综合监控系统应实现故障自诊断功能，宜实现远程故障诊断、远程维护功能。

④ 综合监控系统应具有时钟同步功能。

⑤ 综合监控系统应具备监视、控制与调节和参数设置功能。

⑥ 综合监控系统应具有事件回放、运营数据统计和决策支持等运营辅助管理功能。

⑦ 综合监控系统应实现所集成系统的中央级和车站级的运营管理、设备监控功能。

⑧ 综合监控系统应具有权限管理功能和集中统一的用户注册管理功能，并应根据注册用户的权限，提供权限范围内的功能。使用权限级别应包括系统管理级、运营操作级和浏览级。

⑨ 系统配置中的冗余设备之间应实现无扰动自动切换。

⑩ 综合监控系统的功能应符合下列规定：

a. 应具有监视功能，能通过监视画面监视监控对象的状态、参数及运行过程。

b. 应具有综合报警和报警管理功能，并应提供画面和声光报警。报警应能分级，一级报警应具有推图功能。报警信息应能分类按时序显示。

c. 应具有事件管理功能，应能在线查看实时信息和历史事件。

d. 应具有文件和报表管理、生成和打印功能。常用报表应包含报警报表、事件报表、数据统计报表、各种日志报表等。被授权的用户可定制报表。

e. 应具有对各类操作、事件、报警、日志、历史数据和文件进行记录、保存、归档和查询功能。

f. 应具有历史数据管理功能，可对历史数据记录进行处理、分析、统计和存档。

g. 应具有在线、离线的配置组态功能。

h. 应具有网络管理功能，实现网络管理、配置管理、网络监控、故障报告、性能管理、安全管理、事件记录和参数调整等操作。

i. 应具有设备维护、维修管理功能，实现设备运行的监视和维修、维护工作的管理；应具有维护维修计划、维护维修工单和设备台账等。

j. 应具有培训管理系统功能，实现系统运行管理、操作、日常维护、故障排除等业务的培训，培训管理系统可在线和离线运行，并应具有相同的人机界面及功能。

k. 应具有系统软件及数据的备份和恢复功能。

l. 当全自动运行时，综合监控系统应能实现以下功能：应实现集成列车自动监控系统；

应实现车辆设备、车站设备和区间设备的联动;应实现对车载广播系统、车载闭路电视系统、车载乘客信息系统和乘客紧急对讲的监控;应实现对车辆运行状态的监控;应实现对车载信号系统运行状态的监视。

m. 综合监控系统应提供操作提示功能。

1.2.2 中央级功能

1. 综合监控系统中央级的综合功能

① 应对全线监控对象的状态、参数数据进行实时收集及处理,并应在各调度员工作站和综合显示屏以图形、图像等形式显示。

② 应通过自动或人工方式向全线被监控对象或系统发送控制命令。

③ 应设有统一的、多层次的监控显示及操作。

④ 应提供全系统的网络状态图,网络状态图应显示系统主要设备的运行状态和网络通断状态。

⑤ 应提供全线各区域、各系统之间的联动功能。

⑥ 应设有与调度指挥系统线网的接口。

2. 综合监控系统中央级的电力监控功能

① 应提供动态显示的供电系统图、变电所主接线图、牵引网供电分段示意图、顺控等用户画面以及变电所盘面图。

② 应实时显示变电所设备的电流、电压、功率和电量信息。

③ 应在综合显示屏指定区域显示全线的一次接线图。

④ 应实现对全线遥控对象的遥控,遥控种类应分为选点式和选站式控制。

⑤ 应实现多站并发顺序控制。

⑥ 应实现对全线供电系统设备运行状态的实时监视、故障报警和保护复归。

⑦ 应实现运行状态和故障信息的记录、画面显示及打印功能。

⑧ 应实现电能统计日报、月报的制表及打印功能。

⑨ 应实现实时趋势显示功能。

⑩ 应具备权限移交功能。

⑪ 应实现故障录波显示功能。

3. 综合监控系统中央级的环境与设备监控功能

① 应提供系统图画面,系统图画面应包括车站综合画面、车站机电设备分类画面、环境与设备监控系统模式控制画面、环境与设备监控系统模式列表。

② 应能监视全线各车站的通风与空调系统、给水排水系统、电梯、自动扶梯、动力照明系统等设备的运行状态。

③ 应能监视和记录各车站站厅和站台、管理用房和设备用房的温湿度环境参数。

④ 应实现对车站相关设备、隧道区间通风系统设备的模式控制功能。

⑤ 应实现时间表的编辑和下载功能。

⑥ 应在综合显示屏指定区域显示全线隧道通风系统的工作状态、区间水位状态等运

行情况。

⑦ 应实现趋势显示功能。

⑧ 应具备权限移交功能。

⑨ 应实现模式对照功能。

4. 综合监控系统中央级的火灾自动报警功能

① 应管理全线的火灾报警,并应显示具体报警部位。

② 应实现区间火灾模式控制,应按区间火灾发生位置组织防灾设备联动。

③ 可以车站为单位分类接收、显示并储存全线火灾自动报警设备的运行状态。

④ 应实时监测与火灾自动报警系统通信链路的运行状态,发布火灾涉及有关车站消防设备的控制命令。

⑤ 应实现火灾事件历史资料存档管理。

5. 综合监控系统中央级的列车自动监控功能

① 应实现全线列车的自动追踪和监控。

② 应实现进路的自动或手动办理功能。

③ 应实现列车运行图管理功能。

④ 应实现列车运行的自动或手动调整功能。

⑤ 应实现自动列车保护设备、联锁设备、信号机、区段设备、道岔设备等设备运行状态的监控功能。

⑥ 应实现折返模式状态、遥控状态、站控状态、区域控制器通信状态等运行状态的监视功能。

⑦ 应实现列车临时限速的功能。

⑧ 应实现行车调度派班管理的功能。

⑨ 应实现列车站控和遥控的切换功能。

6. 综合监控系统中央级的复示功能

① 应在控制中心设置环境与设备监控系统、火灾自动报警系统和电力监控系统复示终端。

② 复示终端应监视全线环境与设备监控系统、火灾自动报警系统和电力监控系统设备的运行情况及事故信息。

③ 复示终端应实现复示信息的打印功能。

7. 综合监控系统中央级的其他功能

① 当综合监控系统集成站台门/屏蔽门时,其中央级应实现全线车站站台门/屏蔽门系统设备的运行状态、故障状态监视功能。

② 当综合监控系统集成防淹门时,其中央级应实现防淹门系统设备的运行状态、故障状态和水位状态监视功能。

1.2.3 车站级功能

车站级综合监控系统应包括车站综合监控系统和车辆基地综合监控系统。

1. 综合监控系统车站级的综合功能

① 应实现管辖范围内的供电、环境、防灾、乘客服务及车站设备的运行情况监控功能。
② 应实现集成子系统和互联系统的信息及车站综合信息显示功能。
③ 应实现集成子系统和互联系统间的联动功能。

2. 综合监控系统车站级的电力监控功能

① 应实现车站级管辖范围内变电所设备、牵引网设备运行状态和运行参数实时监视功能。
② 应在设定的权限范围内实现遥控、遥信、遥测、遥调功能。
③ 应实现权限移交功能。
④ 设备的遥控控制权应默认在控制中心，车站级获得控制权后方可对设备进行控制，同一时刻应只允许一个用户对同一设备进行控制操作。
⑤ 应实现供电系统运行情况的数据归档和统计报表功能。
⑥ 应实现根据需要动态显示本站变电所一次系统图、牵引网供电系统图、控制权限移交画面、压板管理画面、本站程控等用户画面功能。

3. 综合监控系统车站级的环境与设备监控功能

① 应实现车站级综合显示画面、环境与设备监控系统设备分类画面、环境与设备监控系统模式的显示功能。
② 应实现对车站级及所辖区间、隧道通风系统、通风空调系统、给水排水系统、自动扶梯、照明系统、事故照明电源设备监视和控制功能，并应对故障进行报警。
③ 应实现对车站站厅、站台、设备用房等区域的温度、湿度、压力环境参数的监视和记录功能。
④ 对于所有的监控设备应实现手动或自动模式控制功能。
⑤ 应实现车站级照明系统的节能运行状态监视功能。
⑥ 应将车站级被控设备运行状态、报警信号及测试点数据送至控制中心，并应接收中央级的各种运行模式指令。
⑦ 应接收火灾自动报警系统发出的模式指令，并监视环境与设备监控系统执行防灾模式的情况。
⑧ 应实现权限移交功能。

4. 综合监控系统车站级的火灾自动报警功能

① 应实现车站级的火灾报警管理功能。
② 应实现车站级火灾报警设备的主要运行状态监视功能，应接收车站级火灾报警并显示报警具体位置。
③ 当火灾发生时，应根据火灾模式，联动广播系统进行防灾广播，联动视频监控系统进行车站级火灾场景监视，联动乘客信息系统进行火灾信息发布，同时还应联动防排烟、电源切换、紧急疏散释放设备。
④ 应实现控制城市轨道交通专用消防救灾设备的启动/停止功能。
⑤ 应分类存储车站级火灾自动报警系统设备的运行、故障、报警的数据记录。

5. 综合监控系统车站级的复示功能

① 应在车辆段、停车场、车站维修工区、换乘站的不同车站控制室设置环境与设备监

控系统、火灾自动报警系统、电力监控系统复示终端。

② 复示终端应监视全线或换乘站环境与设备监控系统、火灾自动报警系统、电力监控系统设备的运行情况及事故信息。

③ 复示终端应实现复示信息的打印功能。

6. 综合监控系统的车站综合后备盘功能

① 车站综合后备盘应具备灾害报警以及信号、环境与设备监控系统、火灾自动报警系统、自动售检票、站台门/屏蔽门等系统的后备应急操作。

② 在系统故障或发生灾害等紧急事件的特殊情况下,应具备隧道火灾模式、车站火灾模式、隧道阻塞模式、站台门/屏蔽门应急开启、列车自动监控系统的紧急停车、扣车和停车、自动检售票系统闸机释放、门禁系统电锁的释放、牵引网紧急断电以及和各紧急情况相关的联动控制。

7. 综合监控系统车站级的其他功能

① 当综合监控系统集成站台门/屏蔽门时,应监控车站级站台门/屏蔽门的各种运行状态。

② 当综合监控系统集成防淹门时,应监控车站级防淹门的各种运行状态。

1.2.4 互联系统功能

1. 综合监控系统的列车自动监控系统功能

① 应接入列车运行信息、阻塞信息等。

② 应接入设备状态、故障信息。

③ 应将接触网带电信息发送给列车自动监控系统。

④ 应显示站场图、列车实际运行图和计划运行图。

⑤ 应实现列车进站自动广播及阻塞触发的联动功能。

2. 综合监控系统的广播系统功能

① 应实现广播、话筒广播、线路广播、广播区域混选及音量调节功能。

② 应实现选择广播源功能。

③ 应实现广播设备状态和报警监视功能。

④ 应实现定时广播功能。

⑤ 应实现广播区占用显示功能。

⑥ 应实现列车到站自动广播功能。

3. 综合监控系统的视频监控系统功能

① 应实现视频监控系统的显示及操控功能。

② 应实现对视频监控图像切换、云台调节等控制功能,应实现对视频监控图像保存、回放功能。

③ 应实现在综合显示屏上切换管辖范围内任意摄像机图像的功能。

④ 应实现视频监控系统的序列管理功能。

⑤ 应实现云台摄像机占用状态显示功能。

⑥ 应实现车站视频行为分析功能。车站级、中央级工作站应实时上传报警信息,并能调用报警截图。视频分析报警可触发相关联动。

4. 综合监控系统的门禁系统功能

① 应实现对门禁系统的故障信息、状态信息及通信状态信息的接收和存储功能,应对门锁进行开关控制。

② 应实现火灾联动控制功能。

5. 综合监控系统的乘客信息系统功能

① 中央级应具备乘客信息系统的信息编辑管理功能,信息发布区支持混选。应具备发布信息的审核、清除功能。

② 应实现乘客信息系统发布信息状态的监视和乘客信息系统设备运行状态的信息监视功能。中央级应实现对全线设备的监视功能;车站级应实现对本站设备的监视功能。

③ 应实现信息的定时和实时发布功能。

④ 应实现显示屏的开关屏操作功能。

6. 综合监控系统的自动售检票系统功能

① 应实现监视客流信息及自动售检票系统设备状态信息和报警信息的功能。

② 车站级综合监控系统应实现闸机控制功能。

7. 互联系统的其他功能

① 当综合监控系统互联火灾自动报警系统时,应对全线车站、车辆基地及区间火灾情况进行监视管理,对全线区间火灾进行模式表管理。

② 当综合监控系统互联站台门/屏蔽门时,应对全线车站站台门/屏蔽门设备的运行状态、故障状态进行监视。

③ 当综合监控系统互联防淹门时,应对全线防淹门设备的运行状态、故障状态、水位状态进行监视。

④ 综合监控系统与时钟系统应实现对时功能,中央级、车站级设备时钟系统应同步。

⑤ 综合监控系统应实现对不间断电源的工作状态、各种电量参数、报警信息及电池状态等的监视功能。

⑥ 综合监控系统应实现监视感温光纤、电气火灾、消防电源等设备状态、故障信息的功能,应接收电气火灾报警并显示报警具体位置。

⑦ 综合监控系统的能源计量管理系统功能应具备监视相关设备状态、故障信息的功能,并应实现采集能源计量信息、进行统计分析和制订统计报表功能。

1.3 综合监控系统软件系统

1.3.1 软件系统组成

综合监控系统由中央级系统、车站级系统和骨干网组成。

中央级综合监控系统应由实时服务器、历史服务器、数据存储设备、各种工作站、综合显示屏、通信处理机、网络设备和不间断电源等组成。实时服务器、历史服务器、通信处理机和网络设备应采用冗余配置。

车站级综合监控系统应由服务器、工作站、通信处理机、网络设备、不间断电源和综合后备盘等组成。网络设备、服务器和通信处理机应采用冗余配置。

综合监控系统应通过骨干网将综合监控系统中央级监控网、车站级监控网连接构成整个系统的网络。当中央级综合监控系统发生故障时，车站级综合监控系统应能独立运行。

各集成子系统和互联系统应采用以太网接入综合监控系统。

综合监控系统骨干网应独立组网，采用冗余环形工业以太网。当综合监控系统利用通信系统组网时，应满足综合监控系统的可靠性和安全性要求。当其他系统利用综合监控系统组网时，不应损害综合监控系统的性能。

中央级局域网、车站级局域网应采用冗余的工业以太网。综合监控系统可采用云计算技术，计算解决方案应包含综合监控系统控制中心云计算中心和综合监控系统车站级云计算工作站两部分。

在综合监控中央级系统中应建立网络管理系统、设备维护管理系统、培训系统等功能系统。

1.3.2 软件要求

综合监控系统软件平台基本性能要求如下：

① 安全性。软件安全是影响整个系统安全的非常主要的因素，须从操作系统、软件平台、应用软件、数据安全等多方面来保证系统安全。

② 可靠性。软件平台应支持双机冗余结构，提供双机冗余管理功能；应具有完整的、详细的系统事件记录功能，方便系统进行故障诊断。

③ 可用性或可维护性。系统应基于实时数据技术，支持多种标准通信协议，且提供工具或开发包定制开发专用协议；支持组态、画面编辑、程序修改、系统维护等操作。系统的配置数据应能进行远程部署，最好是采用集中配置、分布式部署的方式，以保证系统配置的可管理性和一致性；对系统的配置数据应有备份措施。

④ 可扩展性。软件平台应支持系统的模块化设计，易于扩展。考虑 ISCS 由于运营需求进行硬件、软件升级的可能性，平台软件还应支持硬件及相关操作系统软件升级。

⑤ 开放性。软件平台应具有良好的、通用的开放性接口，能有效支撑地铁应用功能的开发，特别是数据库、接口驱动和人机界面的开放性。

综合监控系统性能具体如下：

① 控制命令在综合监控系统中的响应时间应小于 2 s。
② 设备状态变化信息在综合监控系统中的响应时间应小于 2 s。
③ 单站实时数据画面在操作员工作站屏幕上整幅调出响应时间应小于 1 s。
④ 冗余设备切换时间应符合下列规定：
a. 冗余服务器切换时间不应大于 2 s。
b. 网络切换时间不应大于 0.5 s。

  c. 通信处理机切换时间不应大于 1 s。
⑤ 综合监控系统应进行可靠性、可用性、可维护性和安全性管理。
⑥ 系统的平均无故障时间不应小于 8000 h。
⑦ 系统可用性指标应大于 99.98%。
⑧ 服务器中央处理器平均负荷应小于或等于 30%。
⑨ 工作站中央处理器平均负荷应小于或等于 30%。
⑩ 通信处理机中央处理器平均负荷应小于或等于 20%。

1.3.3　人机界面模块

  综合监控系统软件为用户提供统一的、友好的人际交互界面(HMI)，来实现对现场设备的监控，保证地铁线路的稳定运营。综合监控系统人机交互界面主要由以下部分构成：人际交互主框架、系统对话框、设备对话控、事件及报警管理、帮助功能和各子系统系统功能。
  综合监控系统人机界面的主要内容有：登录画面、车站布局图、PA 操作界面、CCTV 操作功能、CCTV 操作界面 PIS 功能、站台门/屏蔽门(PSD)功能、FAS 功能、联动功值、通用画面等。
  (1) 界面设计的一般原则与标准
  在中央控制室、车站控制室及车辆段、停车场控制室内，各操作员的工作站上采用一套统一和使用友好的图形用户界面，让各操作员可借此更方便、有效率地操作及监控各系统。
  HMI 根据人机工程学原理，采用字母、数字、字符、彩色图表进行静态及动态显示，显示是连贯、一致和清晰的。HMI 更具有包含了各类丰富工程图形的图形库，此图形库还可按用户的具体要求进行增加和优化。人机界面采用统一的图形用户界面，用层次化、生动丰富的画面，如动态画面、多层次画面等，将系统和各子系统接线图、总貌图、流程图、趋势图等显示出来。人机界面的启动包含以下内容：启动、登录、注销和退出。
  ① 人机界面色彩显示原则。人机界面的显示颜色保持一致性，如红色代表报警、亮灰色代表停止/未选中、绿色代表正常/选中，背景则采用中亮度的暗灰色，控制面板、按钮的背景颜色为淡灰色，字体颜色为黑色等。在事件发生时人机界面通过画面色彩的闪烁、声光报警等多种手段把发生的事件迅速通知操作员，并提出相应的可选择性的处理建议和提示。
  ② 人机界面菜单设置原则。根据 ISCS 层次结构、组织体系，系统的菜单结构保持逻辑性和简单性。在紧急情况下必须使用的功能，其菜单项始终保持在屏幕固定区域，以便在任何时候都可以直接进入。
  ③ 人机界面图形显示原则。所有 ISCS 的各个操作员操作站均采用统一、标准的图形用户界面，并具有一致的显示界面和操作风格。图形画面支持信息的分层展现，通过图形的分层和动态缩放技术，将监视画面的总貌和细节设计为不同的图层。人机界面提供基于窗口的、友好的图形编辑器，用于建立图形显示界面。
  ④ 人机界面文字显示原则。在操作员操作站上出现的任何文字，包括信息、提示、帮助、对象标志等都采用汉字表示，采用统一的国标字体。对多步操作的每一步，人机界面都

将通过文字信息来提供操作结果的反馈,同时还通过文字提示下一步动作的建议。

⑤ 报警的表示及处理。当报警出现时,在报警栏显示报警内容。报警是可视和发声的,人机界面提供不同级别的报警信号的报警模式。人机界面支持报警、事件的分层展现,通过报警的过滤,在多级报警出现时,系统能优先、明确、有主次地处理关键的报警信息。

⑥ 人机界面安全性设置。操作员操作站采用主备配置时主备操作站具有相同的功能,但同一时刻只能一台操作站发出指令。在进入、退出系统操作及关键的控制操作时,人机界面均要进行必要的权限检查和确认提示,以确保操作的安全性。操作人员不同的权限将对应不同的功能界面,无权访问或无必要访问的功能和数据通过预先定义予以过滤。

报警确认需要具有相应操作权限的用户才能执行,报警确认的范围由中心、车站、变电所、维护工作站各自确认,即在中心操作站确认的报警,若相同的报警车站未及时处理仍然会显示报警。报警消音需要具有相应操作权限的用户才能执行,报警消音的范围是单个操作站。

⑦ 人机界面操作方式。操作员与系统的交互对话为通过操作鼠标以及键盘来完成。对于以图形显示的任何对象,都可以通过点选设备调出相应的设备窗口,窗口中的内容包括该设备相关的动态和静态信息,如描述、标志、状态,以及保存在数据库中的数据信息。完成一个操作项时,操作步骤不超过 3 次点击。这一过程以操作鼠标为主,而常用的命令及关键的操作可设置等效快捷键来提供另一种快速选取途径。系统鼠标可以在双屏(多屏)自由漫游。鼠标的左键单击用于执行选择、确认、点击等操作;鼠标的右键单击用于显示扩展菜单,执行更多的操作选项,这与 Windows 中的鼠标使用习惯保持一致。

(2) 监控界面的显示内容

为便于操作,在任何一个在线监控界面上至少有如下信息内容的区域。

① 当前时间区:年月日时分秒。

② 登录人员信息区:登录名称、操作权限。

③ 系统信息区:系统在线/离线、系统通告信息。

④ 最新紧急报警信息区:三条最新的报警信息、总报警数量、未确认报警数量。

报警信息是综合监控系统界面重要的组成部分,其中只有极少数的重要报警被划为紧急报警。紧急报警为第 1 级报警,显示红色报警,包括火灾报警、供电系统关键设备(例如 10 kV、750 V、400 V 开关)发生事故跳闸。在紧急情况下,ISCS 将自动推出目标图,用以显示报警的详细情况,或者显示所关注的区域图;事故报警一般为第 2 级报警,有时称橙色报警,是需要操作员立即干预的重要报警,如关键系统或设备发生故障影响到列车或者地铁线的正常运行;第 3 级报警为普通报警,即黄色报警,是需要操作员在给定的时间内干预的报警,如非关键设备故障、预告报警等;第 4 级报警为非关键报警,即蓝色报警,是不需要人工干预的报警,此类报警有必要引起操作员注意;第 5 级报警为备用报警,即棕色报警,此为预留的报警级别;还有第 0 级灰色告警,是指综合监控系统设备故障告警。发生故障时,系统发出告警信息以提示维护人员及时处理,一般维护调度员仅具有对 0 级报警的确认功能,其他操作员仅监视 0 级报警信息。

⑤ 选站线:用于车站选择。根据用户权限允许/禁止可选的车站。

⑥ 菜单条及按钮区:用于不同画面的切换或启动功能,包括子系统选择、功能选择、工具选择等,可以采用按钮或菜单的方式。中心操作站画面上应具有全线选站导航栏/菜单、

子系统选择导航栏/菜单、常用工具和操作导航栏/菜单、帮助导航栏/菜单等。车站操作站画面上具有邻站选站导航栏/菜单、子系统选择导航栏/菜单、常用工具和操作导航栏/菜单、帮助导航栏/菜单等。

⑦ 主显示画面和操作区：位于屏幕中央，这个区域包括动态系统图、列表、趋势、图表、对话窗口等。根据选择的系统和子系统，这个区域呈现不同的视图。

⑧ 弹出窗口：临时弹出窗口可关闭，包括操作窗口、信息编辑窗口、紧急报警窗口等。合肥市地铁 3 号线综合监控系统人机界面如图 1.4 所示。

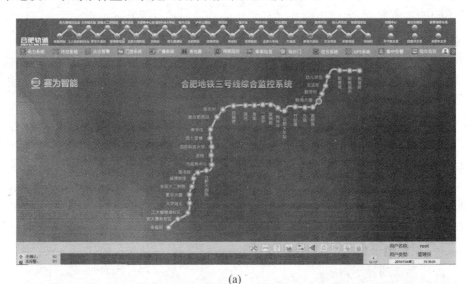

(a)

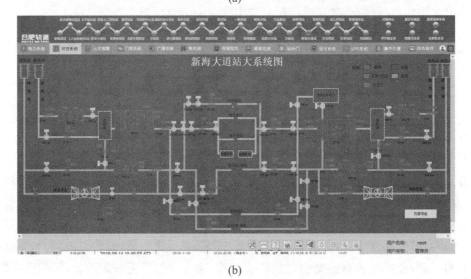

(b)

图 1.4　合肥市地铁 3 号线综合监控系统人机界面

1.3.4　软件监视模块

软件系统结构分监控操作和控制两部分，用于完成对大多数设备或 ISCS 子系统的监控任务。监控操作分为两层：运营控制中心（OCC）和车站控制室（station control room，简称 SCR）。

OCC 综合监控系统软件由监控工作站、大屏幕、服务器及其他计算机外围设备构成，其监控操作范围是全线所有的区间及车站机电监控子系统或设备。SCR 监控软件由监控工作站、综合后备盘及其他计算机外围设备构成，其监控操作范围是某车站及相关区间所有综合监控子系统或设备。

1.3.5 其他软件模块

① ISCS 软件必须满足地铁行业相关各专业数据信息的系统集成与互联需求，完成地铁系统内广域范围内（全线车站/中心/备用中心/车辆段等）的系统监控功能。其功能必须符合设计要求。

② 数据库管理功能。必须具有实时数据库及历史数据库管理系统，分别在线运行于实时服务器、历史服务器中。历史服务器负责历史存档管理，采用标准商用关系数据库软件 MySQL。

③ 输入数据处理功能。支持多种数据输入方式：开关量输入、模拟量输入和内部量。

④ 通用的 HMI 功能。提供友好的 HMI 人机界面软件，提供满足用户操作习惯、信息完整、视觉舒适、操作方便的人机界面。

HMI 单屏画面的分辨率为 1280×1024。ISCS 采用无级缩放的动态图形缩放技术。ISCS 的文字信息采用中文，并遵守 GB 18030 的国标汉字标准。

HMI 将在画面的报警条区域显示最近的 3 条报警信息。

当用户登录、解除画面锁定时，系统均需要对用户类型、用户名、密码进行选择、输入和校验，由 ISCS 完成双屏或三屏显示功能。

⑤ 监视功能将监控所有子系统的数据；系统及现场设备的状态可用静态或动态方式在模拟图和布局图中加以表现；在 HMI 的报警列表中统一完成报警确认功能。

⑥ 系统安全与权限管理功能。通过集中权限管理实现全线的权限管理一致性，操作人员登录系统后，系统根据操作员级对应专业的权限，开放其相关的界面和操作。所有用户的登入、退出将自动被记入事件列表。

⑦ 操作员操作站的角色分配功能。最大限度地利用 ISCS 的用户权限、角色分配的功能，提高效率与自动化水平，在相同位置的所有工作站均能够执行相同的操作；按照用户需求配置综合监控系统操作权限。

⑧ 权限移交管理功能。将能实现 PSCAD 和 BASM 有权限移交管理功能。权限移交过程中，移交双方需要在各自的操作工作站 HMI 进行移交信息的交互。控制权限的移交或取回结果将在事件记录中详细记录。短时间（瞬间）的服务器环境或网络通信干扰控制权不会自动移交。

⑨ 遥控功能。将能提供操作员对被控对象进行遥控操作的基本控制功能，遥控功能主要包括：单点控制、限制点设置、模式控制、顺序控制（SOC）。

⑩ 报警功能。将能实现提供基本的报警功能。全部的报警将被赋予报警级别，支持报警滤波功能。报警可分类进行查询，可完成雪崩报警滤波器功能。

⑪ 时间同步功能。将以通信专业 CLK 系统提供的一级母时钟信号（单向 10 毫秒级精度）为标准，统一 ISCS 系统内部的网络时间，并将该时钟信号传送给被集成系统。

⑫ 数据点的禁止/允许功能。将能实现挂起对模拟量、脉冲量和开关量点的扫描。可以对模拟量、脉冲量和开关量点进行手动超驰。允许具有权限的操作员，将 I/O 点的报警允许/禁止状态设定为禁止。

⑬ 内部运算功能。将能创建由中间计算点及数字量输入点构成的数学组合（布尔型）运算的事件。

⑭ 状态概况浏览功能。将能在任意时刻通过鼠标双击设备图符来浏览监控设备的状态。

⑮ 统计和报表功能。将能编辑、查询、生成报表，报表既可以定时输出，也可以根据操作员命令输出。

⑯ 历史数据存档和查询功能。将能实现存档两种历史数据：事件和数值。中心历史库是 ISCS 处理历史数据、事件和报警的中心，可以产生各式各样的报告。保存在中心历史库中的信息，能够和外部系统共享。通过 HMI 的历史趋势查询或者报表查询的方式，查询并分析历史数据。

⑰ 趋势记录功能。将能生成趋势曲线，记录中心或车站的 I/O 点。

⑱ 设备禁止功能。将能支持在线设备挂牌的方式，抑制控制输出，提供当前处于禁止状态的设备列表。

⑲ 存档功能。将能实现系统事件及报警的存档功能，在系统操作记录的被记入事件列表中，中心可存储 13 个月的历史数据，车站可存储 1 个月的历史数据，包含全部的事件及报警。

如软件维护功能将在控制中心 NMS 维护工作站安装如下维护软件：

ISCS 离线 STP(software test platform)软件包：可以对 ISCS 系统进行软件维护；

PSCAD 远方维护软件包：可以对 PSCAD 系统进行远方维护；

BAS 远方维护软件包：可以对 BAS 系统进行远方维护。

⑳ 通道管理功能。可实现 FEP 使用 Vxworks 操作系统，支持多线程。FEP 为每一个接口都启动一个独立线程，用以完成协议转换、状态诊断之用；PC 机通过 FEP 的 Console 端口对 FEP 进行登录，可访问 FEP 的接口通信报文，并进行接口数据的分析处理。

㉑ 打印管理功能必须配置事件打印机，可打印事件和报警，配置报表打印机打印统计报表。

㉒ 在线帮助功能可提供操作员帮助/关键字检索的功能，在工作站中可查阅用户操作手册/操作指导。

㉓ 复示工作站功能将远程接入中心实时服务器，根据登录用户权限完成对应的监控功能。

㉔ 操作系统和应用软件远程重启功能应在 ISCS 的所有工作站上均安装一个工具软件，NMS 维护工作站通过此工具软件可获取远程工作站操作终端，控制其鼠标键盘，可以完成恢复 ISCS 软件包、重启计算机的维护工作。

习　题

1. 什么是综合监控系统？

2. 什么是集成系统？
3. 什么是模式控制？
4. 什么是综合联调？
5. 简述综合监控系统构成。
6. 简述综合监控系统通用功能。
7. 简述综合监控系统中央级功能。
8. 简述综合监控系统车站级功能。
9. 简述综合监控系统软件要求。
10. 简述综合监控系统人机界面设计原则。

第 2 章 城市轨道交通综合监控系统网络与通信基础

2.1 计算机网络概述

2.1.1 计算机网络组成

计算机网络是由两个或多个计算机通过特定通信模式连接起来的一组计算机，完整的计算机网络系统是由网络硬件系统和网络软件系统组成的。

计算机网络一般由以下硬件组成：

1. 网络服务器

服务器用于网络管理，运行应用程序，处理各网络工作站成员的信息请示等。

2. 网络工作站

工作站是网络上由服务器进行管理和提供服务的计算机。

3. 网络适配器

又称网络接口卡(NIC)或网卡，用于将计算机与网络相连。

网络接口卡是一种连接设备。它们能够使工作站、服务器、打印机或其他节点通过网络介质接收并发送数据。网络接口卡常被称为网络适配器。因为它们只传输信号而不分析高层数据，属于 OSI 模型的物理层。

网络接口卡的类型根据它所依赖的网络传输系统不同（如以太网与令牌环网）而不同，还与网络传输速率（如 10 Mb/s 与 100 Mb/s）、连接器接口（如 BNC 与 RJ-45）以及兼容的主板或设备的类型有关。主要有以下几种类型：ISA（工业标准结构）、MCA（微通道结构）、EISA（扩展的工业标准结构），以及 PCI（外围部件互连）。

4. 传输介质

传输介质用于网络之间的通信连接。信息可以通过两种方式传输，即模拟或数字。模拟信号是一种连续波，传输信息可变且不精确。数字信号基于电或光脉冲通过二进制形式传输信息，越来越广泛地被采用，其传输介质通常有同轴电缆、双绞线、光缆、无线传输介质等。

（1）传输介质特性

通常来说，选择数据传输介质时必须考虑 5 种因素（根据重要性进行粗略地列举）：吞吐量和带宽、成本、尺寸和可扩展性、连接器以及抗噪性。由于每种联网情况都是不同的，对一个机构至关重要的因素对另一个机构来说可能是无关紧要的，应首先确定哪一方面是需要优先考虑的。

① 吞吐量和带宽。吞吐量是在一给定时间段内介质能传输的数据量，通常用每秒兆位（1000000 位）或 Mb/s 进行度量。吞吐量也称为容量，每种传输介质的物理性质决定了它的潜在吞吐量。与传输介质相关的噪声和设备能进一步限制吞吐量，充满噪声的电路将花费更多的时间补偿噪声，因而只有更少的资源可用于传输数据。

带宽常常与吞吐量交换使用。严格地说，带宽是对一个介质能传输的最高频率和最低频率之间的差异进行度量；频率通常用 Hz 表示，它的范围直接与吞吐量相关。带宽越高，吞吐量就越高。较高的频率能够比较低的频率传输更多的数据。

② 成本。不同种类的传输介质涉及的成本常常难以准确描述，它们不仅与环境中现存的硬件有关，而且与网络所处的场所有关。

③ 尺寸和可扩展性。三种规格，即每段的最大节点数、最大段长度以及最大网络长度，决定了网络介质的尺寸和可扩展性。在进行布线时，这些规格中的每一个都基于介质的物理特性。每段最大节点数与衰减有关，即与通过一给定距离信号损失的量有关。对一个网络段而言，每增加一个设备都将略微增加信号的衰减。为了保证一个清晰的强信号，必须限制一个网络段中的节点数。

网络段的长度也因衰减受到限制。在传输一定的距离之后，一个信号可能因损失得太多以至于无法被正确解释。同时，当连接多个网络段时，也将增加网络上的延时。为了限制延时并避免相关的错误，每种类型的介质都会标定一个最大连接段数。

④ 连接器。连接器是连接电线缆与网络设备的硬件。每种网络介质都对应一种特定类型的连接器。

⑤ 抗噪性。噪声能使数据信号变形。噪声影响一个信号的程度与传输介质有一定关系。某些类型的介质比其他介质更易受噪声影响。

无论是何种介质，都有两种类型的噪声会影响它们的数据传输：电磁干扰（EMI）和射频干扰（RFI）。EMI 和 RFI 都是从电子设备或传输电缆上发出的波。

(2) 传输介质分类

① 同轴电缆（coax）。它是 Ethernet 网络的基础，曾是一种最流行的传输介质。

a. 同轴电缆的结构。同轴电缆由一根有绝缘体包裹的中央铜线、一个网状金属屏蔽层以及一个塑料封套组成。在同轴电缆中，铜线传输电磁信号；网状金属屏蔽层一方面可以屏蔽噪声，另一方面可以作为信号地。

同轴电缆的绝缘体和防护屏蔽层，使得它对噪声干扰有较高的抵抗力。在信号必须放大之前，同轴电缆能比双绞线电缆将信号传输得更远。

b. 同轴电缆的规格。同轴电缆还要求网络段的两端通过一个电阻器进行终结，这种类型的电缆存在许多不同规格。

Thicknet(10Base5)。Thicknet 电缆也称为 Thickwire Ethernet，它是一种用于原始 Ethernet 网络、直径约 1 cm 的硬同轴电缆（即粗同轴电缆）。"10"代表 10 Mb/s 的吞吐量，"Base"代表基带传输，"5"代表 Thicknet 电缆的最大段长度为 500 m。

Thinnet(10Base2)。Thinnet 电缆也称为 Thin Ethernet。IEEE 将 Thinnet 命名为

10Base2 Ethernet，其中"10"代表数据传输速度为 10 Mb/s，"Base"代表使用基带传输，"2"代表最大段长度为 185（或粗略为 200）m。Thinnet 电缆直径约为 0.64 cm（即细同轴电缆）。

Thinnet 使用 BNC "T"型连接器将电缆与网络设备相连。一个具有 3 个开放口的 BNC 连接器的"T"型底部连接到 Ethernet 的网络接口卡上，两边连接 Thinnet 电缆，以便允许信号进出网络接口卡。

Thicknet 和 Thinnet 电缆都需要一个 50 Ω 的电阻器以终结网络的每一端。这些电缆的一端必须接地。如果将同轴电缆网络的两端都接地或根本什么也不做，用户会遇到一些时有时无的数据传输错误。

② 双绞线电缆。双绞线（TP）电缆类似于电话线，由绝缘的彩色铜线对组成，每根铜线的直径为 0.4～0.8 mm，两根铜线互相缠绕在一起。双绞线电缆又有屏蔽双绞线和非屏蔽双绞线两种。

a. 屏蔽双绞线。屏蔽双绞线（SIP）电缆中的缠绕电线对被一种金属（如箔）制成的屏蔽层所包围，而且每个线对中的电线也是相互绝缘的。

b. 非屏蔽双绞线。非屏蔽双绞线（UTP）电缆包括一对或多对由塑料封套包裹的绝缘电线对。UTP 没有用来屏蔽双绞线的额外的屏蔽层。

IEEE 已将 UTP 电缆命名为"10BaseT"，其中"10"代表最大数据传输速度为 10 Mb/s，"Base"代表采用基带传输方法传输信号，"T"代表 UTP。

目前流行的双绞线主要有以下几类：

a. 5 类线（CAT5）：用于新网安装及更新到快速 Ethernet 的最流行的 UTP 形式。CAT5 包括四个电线对，支持 100 Mb/s 吞吐量和 100 Mb/s 信号速率。除 100 Mb/s Ethernet 之外，CAT5 电缆还支持其他的快速联网技术，例如异步传输模式（ATM）。

b. 超 5 类线：CAT5 电缆更高级别的版本，包括高质量的铜线，能提供一个高的缠绕率，并使用先进的方法以减少串扰。增强 CAT5 能支持高达 200 MHz 的信号速率，是常规 CAT5 容量的 2 倍。

双绞线电缆使用 RJ-45 连接头，以 RJ-45 连接头对着自己，锁扣朝上，则从左到右各插脚的编号依次是 1 到 8，如图 2.1 所示。

图 2.1 双绞线的接口

根据 TIA/EIA 568 规范，各插脚的用途如下：

1——输出数据（＋）；
2——输出数据（－）；
3——输入数据（＋）；

4,5——未定义；

6——输入数据（-）；

7,8——未定义；

其中：1 与 2、3 与 6、4 与 5、7 与 8 线对为同一绕对。

双绞线接法有两种国际标准，分别是 T568A 和 T568B。实际上标准接法 T568A 和 T568B 两者并没有本质的区别，只是颜色的排列上有所区别。表 2.1 为它们的标准接法。

表 2.1　T568A 和 T568B 引脚颜色排列

	T568A			T568B	
引脚顺序	介质直接连接信号	双绞线绕对的排列顺序	引脚顺序	介质直接连接信号	双绞线绕对的排列顺序
1	TX+（传输）	白绿	1	TX+（传输）	白橙
2	TX-（传输）	绿	2	TX-（传输）	橙
3	RX+（接收）	白橙	3	RX+（接收）	白绿
4	没有使用	蓝	4	没有使用	蓝
5	没有使用	白蓝	5	没有使用	白蓝
6	RX-（接收）	橙	6	RX-（接收）	绿
7	没有使用	白棕	7	没有使用	白棕
8	没有使用	棕	8	没有使用	棕

双绞线通常有两种连接方式：直连线和交叉线。其连接方法见图 2.2。

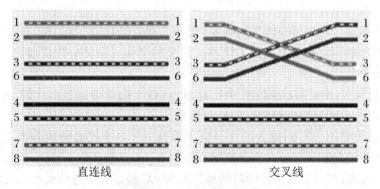

图 2.2　直连线和交叉线

③ 光缆。光导纤维简称光缆，在它的中心部分包括了一根或多根玻璃纤维，通过从激光器或发光二极管发出的光波穿过中心纤维来进行数据传输。

和双绞线电缆一样，光缆也存在许多不同的类型，各种类型的光缆可分成两大类：单模式和多模式。单模光缆携带单个频率的光将数据从光缆的一端传输到另一端。通过单模光缆，数据传输的速度更快，并且距离也更远；多模光缆则可以在单根或多根光缆上同时携带几种光波。与单模光缆相比，多模光缆的传输性能较差。

光缆提供的优点是几乎无限的吞吐量、非常高的抗噪性以及极好的安全性。光缆无须像铜线一样传输电信号，因而它不会产生电流。因此，光缆传输的信号可以保持在光缆中而不会被轻易截取。光缆传输信号的距离也比同轴电缆或双绞线电缆所能传输的距离要远得多。它的整个网络长度也得益于无须中继器或放大器。除此之外,光缆还广泛用于高速网络行业。使用光缆最大的障碍是高成本,另一个缺点是光缆一次只能传输一个方向的数据。为了克服单向性的障碍,每根光缆必须包括两股——一股用于发送数据,一股用于接收数据。

④ 无线传输介质。空气也能传输数字信号,通过空气传输信号的网络称为无线网络。无线局域网通常使用红外或射频(RF)信号传输信息。

5. 网间连接设备

网间连接设备用于扩展网络的规模,常用的设备如下:

(1) 中继器

中继器常用于两个网络节点之间物理信号的双向转发工作,是最简单的网络互联设备,主要完成物理层的功能,负责在两个节点的物理层上按位传递信息,完成信号的复制、调整和放大功能,以此来延长网络的长度。由于线路存在损耗,在线路上传输的信号功率会逐渐衰减,衰减到一定程度时将造成信号失真,并由此导致接收错误。中继器就是为解决这一问题而设计的。它完成物理线路的连接,对衰减的信号进行放大,保持传输信号与原数据相同。

(2) 集线器

集线器的英文为 Hub。Hub 是"中心"的意思,集线器的主要功能是对接收到的信号进行再生整形放大,以扩大网络的传输距离,同时把所有节点集中在以它为中心的节点上。集线器也是一种物理层设备,与网卡、网线等一样属于局域网中的基础设备,采用 CSMA/CD 访问方式。所以集线器起了多端口中继器的功能。

(3) 交换机

交换是按照通信两端传输信息的需要,用人工或设备自动完成的方法,把要传输的信息送到符合要求的相应路由上的技术统称。广义的交换机就是一种在通信系统中完成信息交换功能的设备。

① 交换机特点:所有端口都在一个广播域内;每个端口带宽是独立的;每个端口都是独立的冲突域;能够识别数据链路层的控制信息。

② 交换机功能:a. 学习:以太网交换机了解每一端口连接设备的 MAC 地址,并将地址同相应的端口映射起来存放在交换机缓存中的 MAC 地址表中。

b. 转发/过滤:当一个数据帧的目的地址在 MAC 地址表中有映射时,它被转发到连接目的节点的端口而不是所有端口(如该数据帧为广播/组播帧则转发至所有端口)。

c. 消除回路:当交换机包括一个冗余回路时,以太网交换机通过生成树协议避免回路的产生,同时允许存在后备路径。

交换机除了能够连接同种类型的网络之外,还可以在不同类型的网络之间起到互连作用。如今许多交换机都能够提供支持快速以太网或 FDDI 等的高速连接端口,用于连接网络中的其他交换机或者为带宽占用量大的关键服务器提供附加带宽。一般来说,交换机的每个端口都用来连接一个独立的网段,但是有时为了提供更快的接入速度,可以把一些重要的网络计算机直接连接到交换机的端口上。这样,网络的关键服务器和客户机就拥有更快的接入速度,支持更大的信息流量。

（4）路由器

路由是指把数据从一个地方传送到另一个地方的行为和动作,而路由器正是在网络中执行这种行为和动作的机器,它的英文名称为 router。路由器是使用一种或者更多度量因素的网络层设备,它决定网络通信能够通过的最佳路径。路由器依据网络层信息将数据包从一个网络转发到另一个网络,是一种连接多个网络或网段的网络设备,它能将不同网络或网段之间的数据信息进行"翻译",以使它们能够相互"读"懂对方的数据,从而构成一个更大的网络。所以路由器有两大典型功能,即数据通道功能和控制功能。数据通道功能包括转发决定、背板转发以及输出链路调度等,一般由特定的硬件来完成;控制功能一般用软件来实现,包括与相邻路由器之间的信息交换、系统配置、系统管理等。

对于路由器而言,要找出最优的数据传输路径是一件比较有意义却很复杂的工作。为了找出最优路径,各个路由器间要通过路由协议来相互通信。路由协议只用于收集关于网络当前状态的数据并负责寻找最优传输路径。根据这些数据,路由器就可以创建路由表来用于以后的数据包转发。

① 路由协议种类:为 IP 和 IPX 设计的 RIP(路由信息协议);为 IP 设计的 OSPF(开放的最短路径优先);为 IP、IPX 和 Apple Talk 而设计的 EIGRP(增强内部网关路由协议);为 IP、IPX 和 Apple Talk 而设计的 BGP(边界网关协议)。

② 路由器功能:a. 网络互连。支持各种局域网和广域网接口,主要用于互联局域网和广域网,实现不同网络的互相通信。

b. 数据处理。提供包括分组过滤、分组转发、优先级、复用、加密、压缩和防火墙等功能。

c. 网络管理。提供包括配置管理、性能管理、容错管理和流量控制等功能。

2.1.2 计算机网络分类

1. 地域分类

按照地理范围可以把网络划分为局域网(LAN)、城域网(MAN)、广域网(WAN)和互联网(Internet)四种。

（1）局域网(LAN)

在局部地区范围内的网络,它所覆盖的范围较小。局域网在计算机数量配置上没有太多的限制,少的可以只有两台,多的可达几百台。在网络所涉及的地理距离上一般来说可以是几米至 10 km 以内。局域网一般设置在同一个建筑物内或一个单位中,不存在寻径问题,不包括网络层的应用。其特点是:连接范围窄、用户数量少、配置容易、连接速率高。IEEE 的 802 标准委员会定义了多种主要的 LAN:以太网(Ethernet)、令牌环网(token ring)、光纤分布式接口网络(FDDI)、异步传输模式网(ATM)以及无线局域网(WLAN)。

（2）城域网(MAN)

一般来说是在一个城市,但不在同一地理区域范围内的计算机互连。这种网络的连接距离可以在 10~100 km,采用的是 IEEE 802.6 标准。城域网(metropolitan area network,MAN)与 LAN 相比扩展的距离更长,连接的计算机数量更多,在地理范围上可以说是 LAN 网络的延伸。在一个大型城市或都市地区,一个 MAN 网络通常连接着多个 LAN

网。如连接政府机构的 LAN、连接医院的 LAN、连接电信系统的 LAN、连接公司企业的 LAN 等。

(3) 广域网(WAN)

也称远程网,所覆盖的范围比城域网更广,一般为不同城市之间的 LAN 或者 MAN 网络互连,地理范围可从几百千米到几千千米。因为距离较远,信息衰减比较严重,所以要租用专线,通过 IMP(接口信息处理)协议和线路连接起来,构成网状结构,解决循径问题。广域网因为所连接的用户多,总出口带宽有限,所以用户的终端连接速率一般较低。

(4) 互联网

又称"因特网",它已是人们每天都要打交道的一种网络,无论从地理范围,还是从网络规模来讲它都是最大的一种网络,就是人们常说的"Web""WWW"和"万维网"等。从地理范围来说,它可以是全球计算机的互联,这种网络的最大特点就是不定性,整个网络的计算机数量每时每刻都在变化。当用户连接在互联网上的时候,他的计算机就可以算是互联网的一部分,而一旦该用户断开互联网的连接时,该用户的计算机就不属于互联网了。

2.1.3 计算机网络拓扑结构

计算机网络的拓扑结构,即是指网上计算机或设备与传输媒介形成的结点与线的物理构成模式。网络的结点有两类:一类是转换和交换信息的转接结点,包括结点交换机、集线器和终端控制器等;另一类是访问结点,包括计算机主机和终端等。线则代表各种传输媒介,包括有形的和无形的。

1. 组成

每一种网络结构都由结点、链路和通路等几部分组成。

(1) 结点

又称网络单元,它是网络系统中的各种数据处理设备、数据通信控制设备和数据终端设备。常见的结点有服务器、工作站、集线路和交换机等设备。

(2) 链路

两个结点间的连线,可分为物理链路和逻辑链路两种,前者指实际存在的通信线路,后者指在逻辑上起作用的网络通路。

(3) 通路

是指从发出信息的结点到接收信息的结点之间的一串结点和链路,即一系列穿越通信网络而建立起的结点到结点的链。

2. 选择性

拓扑结构的选择往往与传输媒体的选择及媒体访问控制方法的确定紧密相关。在选择网络拓扑结构时,应该考虑的主要因素有下列几点:

① 可靠性。尽可能提高可靠性,以保证所有数据流能准确接收;还要考虑系统的可维护性,使故障检测和故障隔离较为方便。

② 费用。建网时需考虑适合特定应用的信道费用和安装费用。

③ 灵活性。需要考虑系统在今后扩展或改动时,能容易地重新配置网络拓扑结构,能方便地处理原有站点的删除和新站点的加入。

④ 响应时间和吞吐量。要为用户提供尽可能短的响应时间和最大的吞吐量。

3．具体类型

计算机网络的拓扑结构主要有：总线型拓扑、星型拓扑、环型拓扑、树型拓扑、网状拓扑和混合型拓扑。

（1）总线型拓扑

总线型拓扑结构采用一个信道作为传输媒体，所有站点都通过相应的硬件接口直接连到这一公共传输媒体上，该公共传输媒体即称为总线。任何一个站发送的信号都沿着传输媒体传播，而且能被所有其他站接收，总线拓扑结构如图2.3所示。

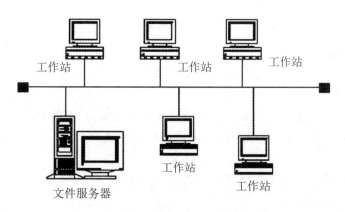

图 2.3　总线型拓扑结构图

因为所有站点共享一条公用的传输信道，所以一次只能由一个设备传输信号。通常采用分布式控制策略来确定哪个站点可以发送。发送时，发送站将报文分成分组，然后逐个依次发送这些分组，有时还要与其他站来的分组交替地在媒体上传输。当分组经过各站时，其中的目的站会识别到分组所携带的目的地址，然后复制下这些分组的内容。

总线拓扑结构的优点：

① 总线结构所需要的电缆数量少，线缆长度短，易于布线和维护。
② 总线结构简单，又是无源工作，有较高的可靠性。传输速率高，可达1～100 Mb/s。
③ 易于扩充，增加或减少用户比较方便，结构简单，组网容易，网络扩展方便。
④ 多个节点共用一条传输信道，信道利用率高。

总线拓扑的缺点：

① 总线的传输距离有限，通信范围受到限制。
② 故障诊断和隔离较困难。
③ 分布式协议不能保证信息的及时传送，不具有实时功能。站点必须是智能的，要有媒体访问控制功能，从而增加了站点的硬件和软件开销。

（2）星型拓扑

星型拓扑是由中央节点和通过点到点通信链路接到中央节点的各个站点组成。中央节点执行集中式通信控制策略，因此中央节点相当复杂，而各个站点的通信处理负担都很小。星型网采用的交换方式有电路交换和报文交换，尤以电路交换更为普遍。这种结构一旦建立了通道连接，就可以无延迟地在连通的两个站点之间传送数据。流行的专用交换机PBX（private branch exchange）就是星型拓扑结构的典型实例，如图2.4所示。

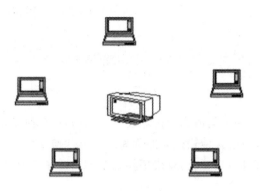

图 2.4　星型拓扑图

星型拓扑结构的优点：
① 结构简单，连接方便，管理和维护都相对容易，而且扩展性强。
② 网络延迟时间较小，传输误差低。
③ 在同一网段内支持多种传输介质，除非中央节点故障，否则网络不会轻易瘫痪。
④ 每个节点直接连到中央节点，故障容易检测和隔离，可以很方便地排除有故障的节点。

因此，星型网络拓扑结构是应用最广泛的一种网络拓扑结构。

星型拓扑结构的缺点：
① 安装和维护的费用较高。
② 共享资源的能力较差。
③ 一条通信线路只被该线路上的中央节点和边缘节点使用，通信线路利用率不高。
④ 对中央节点要求相当高，一旦中央节点出现故障，整个网络将瘫痪。

星型拓扑结构广泛应用于网络智能地集中于中央节点的场合。从趋势上看，计算机的发展已从集中的主机系统发展到大量功能性很强的微型机和工作站，在这种形势下，传统的星型拓扑的使用会有所减少。

（3）环型拓扑

环型拓扑结构如图 2.5 所示，在环型拓扑中各节点通过环路接口连在一条首尾相连的闭合环型通信线路中，环路上任何节点均可以请求发送信息。请求一旦被批准，便可以向环路发送信息。环型网中的数据可以是单向也可以是双向传输。由于环线公用，一个节点发出的信息必须穿越环中所有的环路接口，信息流中目的地址与环上某节点地址相符时，信息被该节点的环路接口所接收，而后信息继续流向下一环路接口，一直流回到发送该信息的环路接口节点为止。

环型拓扑的优点：
① 电缆长度短。环型拓扑网络所需的电缆长度和总线拓扑网络相似，但比星形拓扑网络要短得多。
② 增加或减少工作站时，仅需简单的连接操作。
③ 可使用光纤。光纤的传输速率很高，十分适用于环型拓扑的单方向传输。

环型拓扑的缺点：
① 节点的故障会引起全网故障。这是因为环上的数据传输要通过接在环上的每一个

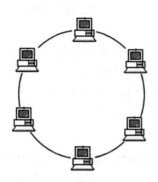

图 2.5　环型拓扑图

节点,一旦环中某一节点发生故障就会引起全网的故障。

② 故障检测困难。这与总线拓扑相似,因为不是集中控制,故障检测需在网上各个节点进行,因此就不是很容易。

③ 环型拓扑结构的媒体访问控制协议都采用令牌传递的方式,在负载很轻时,信道利用率相对来说比较低。

(4) 混合型拓扑

混合型拓扑是将两种单一拓扑结构混合起来,取两者的优点构成的拓扑,如图 2.6 所示。

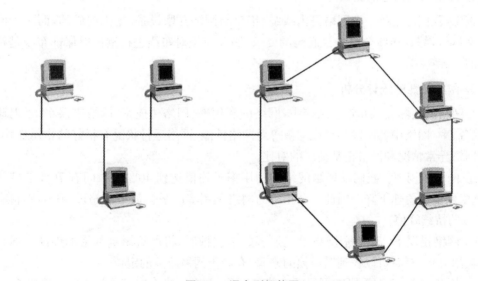

图 2.6　混合型拓扑图

一种是星型拓扑和环型拓扑混合成的星－环拓扑,另一种是星型拓扑和总线拓扑混合成的星－总拓扑。

这两种混合型结构有相似之处,如果将总线拓扑的两个端点连在一起也就变成了环型拓扑。

在混合型拓扑结构中,汇聚层设备组成环型或总线型拓扑,汇聚层设备和接入层设备组成星型拓扑。

混合型拓扑的优点:

① 故障诊断和隔离较为方便。一旦网络发生故障,只要诊断出哪个网络设备有故障,就将该网络设备和全网隔离即可。

② 易于扩展。要扩展用户时,可以加入新的网络设备,也可在设计时,在每个网络设备中留出一些备用的可插入新站点的联接口。

③ 安装方便。网络的主链路只要连通汇聚层设备,然后再通过分支链路连通汇聚层设备和接入层设备。

混合型拓扑的缺点:

① 需要选用智能网络设备,实现网络故障自动诊断和故障节点的隔离,网络建设成本比较高。

② 像星型拓扑结构一样,汇聚层设备到接入层设备的线缆安装长度会增加较多。

2.1.4 计算机网络性能指标

实际的网络是千差万别的,使用的网络技术也有很大的不同,如何制定可操作性强的网络检测标准是难点之一。根据网络实际测试的经验,网络检测应该面向网络模型的下三层。我们将网络检测的目的定位于检测网络的下三层是否存在问题,然后主要从以下几个方面进行检测。

1. 综合布线系统的测试

首先,我们考虑到一个网络是由线缆、接口与网络互联设备、主机构成的,而一个网络的正常运行,综合布线合格是最起码的要求,因此应该对布线进行测试以保证布线是符合标准的。

2. 网络性能的统计分析

在网络的实际测试和管理维护中,网络的利用率、网络碰撞率、网络错误率、延迟碰撞网络广播率、网络中各网段的负载均衡等对网络性能、网络运行状况有很好的指示作用,有利于网络异常情况和网络正常情况的对比。

① 网络利用率。我们发现当网络的利用率平均值达到40%或瞬间有70%的持续峰值,网络性能将急速下降。因此一个正常的网络利用率的平均值不应超过40%,不得有超过70%的持续峰值。

② 网络错误率。当一个网络出现过多的错误帧时,将严重影响网络的性能。通过对错误帧的分析,有时可以找到错误帧的来源,有利于网络故障的定位。

③ 播率太大,会严重影响网络的性能。因此,一个网络中应该尽量避免广播风暴。

④ 延迟碰撞。如果发现有延迟碰撞,很可能是由于网络违反了IEEE 802.3的规范。

⑤ 网络碰撞率。如果碰撞太多,将使网络效率变低。

3. 统计分析的局限性

最初我们仅想通过收集实际的网络数据、研究网络运行重要参数的数值范围这种手段,来制定网络检测评估标准。但在实际的网络检测中发现,由于统计分析主要反映了数据链路层的状况,因而很难解决以下问题:

① 子网的划分是否正确。

② 网络中的数据包的丢失情况。
③ 路由设置问题。
④ 网络的拥塞控制能力。
⑤ 端到端的吞吐量。

而这些方面对于考察一个网络的设计和性能是必不可少的,例如,一个网络端到端的吞吐量是用户最为关心的。对于许多应用而言,吞吐量支配了整个应用的持续时间,这决定了用户能够感觉到的性能,但通过统计分析的手段很难检测出端到端的吞吐量。

4. 延迟

引入路径的延迟原因如下:如果端到端的主机间的延迟与某个域值相差很大时,许多应用程序不能很好地执行;延迟的不确定变化使得支持许多实时应用变得困难或不可能;延迟越大,对于传输层的协议支持高带宽变得越困难;延迟的最小值提供一个当穿越的路径是低负载情况下的延迟的指示;大于最小值的延迟表示路径上存在阻塞。

2.2 通信概述

2.2.1 通信传送方式类型

在通信中,数据通常是在两个站(如终端和计算机)之间进行传送,按照数据流的方向可分成三种基本的传送方式:全双工、半双工和单工。

1. 全双工通信(full duplex)

当数据的发送和接收分流,分别由两根不同的传输线传送时,通信双方都能在同一时刻进行发送和接收操作,这样的传送方式就是全双工制,如图 2.7 所示。在全双工方式下,通信系统的每一端都设置了发送器和接收器,因此,设备能控制数据同时在两个方向上传送。数据的输出又称发送数据(TXD),数据的输入又称接收数据(RXD)。全双工方式无须进行方向的切换,没有切换操作所产生的时间延迟,这对那些不能有时间延误的交互式应用(如远程监测和控制系统)十分有利。

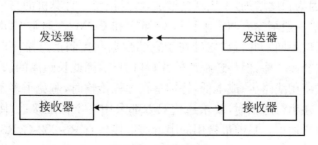

图 2.7 全双工通信

2. 半双工通信(half duplex)

若使用同一根传输线既作接收又作发送,虽然数据可以在两个方向上传送,但通信双方不能同时收发数据,这样的传送方式就是半双工制,如图 2.8 所示。采用半双工方式时,通信系统每一端的发送器和接收器,通过收/发开关转接到通信线上,进行方向的切换,因此会产生时间延迟。

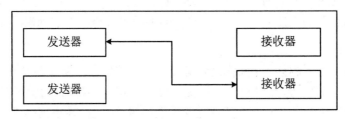

图 2.8 半双工通信

目前多数终端和串行接口都为半双工方式提供了换向能力,也为全双工方式提供了两条独立的引脚。在实际使用时,一般并不需要通信双方同时既发送又接收,像打印机这类的单向传送设备,半双工甚至单工就能胜任,也无须倒向。

3. 单工通信(simplex)

所谓单工通信,是指消息只能单方向传输的工作方式。发送端和接收端的身份是固定的,发送端只能发送信息,不能接收信息;接收端只能接收信息,不能发送信息,数据信号仅从一端传送到另一端,即信息流是单方向的,如图 2.9 所示。

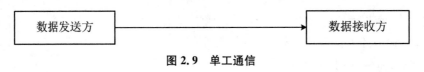

图 2.9 单工通信

2.2.2 通信接口

计算机与计算机或计算机与终端之间的数据传送可以采用串行通信、并行通信、计算机网络等方式。目前,计算机中的并行接口,即 LPI 口,主要作为打印机端口。所谓并行,是指 8 位数据同时通过并行线进行传送,这样数据传送速度会大大提高,但并行传送的线路长度受到限制,因为长度增加,干扰就会增加,容易出错。计算机的另一种标准接口是串行口,现在的计算机一般至少有两个串行口 COM1 和 COM2。通常 COM1 使用的是 9 针 D 形连接器。串行口不同于并行口之处在于它的数据和控制信息是一位接一位串行地传送下去。虽然速度会慢一些,但传送距离较并行口更长,因此长距离的通信应使用串行口。由于串行通信方式使用线路少、成本低,特别是在远程传输时,避免了多条线路特性的不一致而被广泛采用。在串行通信时,要求通信双方都采用一个标准接口,使不同的设备可以方便地连接起来进行通信。目前最常用的串行通信接口有 RS-232-C、RS-485 及 RS-422。

1. RS-232-C 总线

RS-232-C 是美国电子工业协会 EIA(electronic industry association)制定的一种串行物理接口标准。RS 是英文"推荐标准"的缩写,232 为标志号,C 表示修改次数。RS-232-C

总线标准设有 25 条信号线，包括一个主通道和一个辅助通道，在多数情况下主要使用主通道，对于一般双工通信，仅需几条信号线就可实现，如一条发送线、一条接收线及一条地线。RS-232-C 标准规定的数据传输速率为每秒 50 波特、75 波特、100 波特、150 波特、300 波特、600 波特、1200 波特、2400 波特、4800 波特、9600 波特和 19200 波特。RS-232-C 标准规定，驱动器允许有 2500 pF 的电容负载，通信距离将受此电容限制，例如，采用 150 pF/m 的通信电缆时，最大通信距离为 15m；若每米电缆的电容量减小，通信距离可以增加。传输距离短的另一原因是 RS-232 属于单端信号传送，存在共地噪声和不能抑制共模干扰等问题，因此一般用于 20 m 以内的通信。

2. RS-485 总线

在要求通信距离为几十米到上千米时，广泛采用 RS-485 串行总线标准。RS-485 用于多点互联时非常方便，可以节省许多信号线。

3. RS-422 总线

RS-422 和 RS-485 电路原理基本相同，RS-422 通过两对双绞线可以全双工工作，收发互不影响，而 RS-485 只能半双工工作，收发不能同时进行，但它只需要一对双绞线。RS-422 和 RS-485 在 19 kb/s 速率下能传输 1200 m。

目前工业环境中许多重要的设备仍然使用 RS-232 接口界面设计，然而 RS-232 是一个点对点的界面，限制设备和计算机之间的传输距离只能为 15 m。为了克服这个限制，许多用户使用 RS-232 到 RS-422/485 转换器，将 RS-232 设备连到工业 RS-422 或 RS-485 网络，传输数据时距离可超过 1200 m。

2.2.3　网络通信标准

所谓标准，即文档化的协议中包含推动某一特定产品或服务应如何被设计或实施的技术规范或其他严谨标准。通过标准，不同的生产厂商可以确保产品、生产过程以及服务适合他们的目的。

网络刚刚出现的时候，很多大型的公司都拥有了网络技术，公司内部计算机可以相互连接，但不能与其他公司的计算机连接。因为没有一个统一的规范，计算机之间相互传输的信息对方不能理解。为了使网络应用更为普及，需要对网络进行标准化，让所有公司使用这个统一的规范来控制网络。只要所有公司都使用相同的规范，就有了进行互连的基础。

1. 网络标准化组织

由于目前网络界所使用的硬件、软件种类繁多，标准尤其重要。如果没有标准，可能由于一种硬件不能与另一种兼容，或者因一个软件应用程序不能与另一个通信而不能进行网络设计。标准不仅使不同的计算机可以相互进行通信，而且也扩大了产品的市场，只要这些产品遵守相应的标准即可。在国际标准领域中最有影响的组织有 IEEE（电气与电子工程师学会）和 ISO（国际标准化组织）。

（1）IEEE

IEEE，是一个由工程专业人士组成的国际社团，其目的在于促进电气工程和计算机科学领域的发展和教育。IEEE 主办大量的研讨会、会议和本地分会议,发行刊物以培养技术先进的成员。同时,IEEE 有自己的标准委员会,为电子和计算机工业制定自己的标准,并对其他标准制定组织(如 ANSI)的工作提供帮助。

(2) ISO

ISO 是一个代表了 130 个国家的标准组织的集体,它的总部设在瑞士的日内瓦。ISO 的目标是制定国际技术标准以促进全球信息交换和无障碍贸易。

ISO 的权威性不局限于信息处理和通信工业,它还适用于纺织品业、包装业、货物分发、能源生产和利用、造船业以及银行业务和金融服务。关于螺纹、银行信用卡,甚至货币名称的通用协议都是 ISO 的工作产物。事实上,在 ISO 的约 12000 个标准中,仅有约 500 个应用于与计算机相关的产品和功能中。国际电子与电气工程标准是由一个与 ISO 相似的国际标准组织 IEC(国际电工委员会)单独制定的。ISO 所有的信息技术标准设计与 IEC 相一致。

2. 参考模型

(1) OSI 参考模型

在 20 世纪 80 年代早期,ISO 即开始致力于制定一套普遍适用的规范集合,以使得全球范围的计算机平台都可进行开放式通信。开放系统互连 OSI(模型)就是在此背景下由 ISO 创建的一个有助于开发和理解计算机的通信模型。OSI 模型将网络结构划分为七层:物理层、数据链路层、网络层、传输层、会话层、表示层和应用层。每一层均有自己的一套功能集,并与紧邻的上层和下层交互作用。在顶层,应用层与用户使用的软件(如字处理程序或电子表格程序)进行交互。在 OSI 模型的底端是携带信号的网络电缆和连接器。总的来说,在顶端与底端之间的每一层均能确保数据以一种可读、无错、排序正确的格式被发送。

OSI 模型是对发生在网络中两节点之间过程的理论化描述。它对每一层的硬件或软件模型没有硬性规定,但有关网络的每件事均能找到模型中的一层与之对应。当接收数据时,数据是自下而上传输;当发送数据时,数据是自上而下传输。

(2) TCP/IP 参考模型

另一种参考模型是 TCP/IP 参考模型。它是计算机网络的"祖父"ARPANET 和其后继的因特网使用的参考模型。这个体系结构在它的两个主要协议(TCP、IP)出现以后,被称为 TCP/IP 参考模型(TCP/IP referencemodel)。

TCP/IP 参考模型共有五层:应用层、传输层、互联网层、数据链路层和物理层。其中,物理层和数据链路层常常一起被看作网络接口层。与 OSI 参考模型相比,TCP/IP 参考模型没有表示层和会话层(这两层的功能被合并到应用层实现),互联网层相当于 OSI 模型的网络层,如图 2.10 所示。

ISO 制定的 OSI 参考模型由于过于庞大、复杂招致了许多批评。与此对照,由技术人员开发的 TCP/IP 协议获得了更为广泛的应用。

(3) 数据的封装和拆封

为了实现对等层通信,在数据需要通过网络从一个节点传送到另一节点前,必须在数据的头部(和尾部)加入特定的协议头(和协议尾),这种增加数据头部(和尾部)的过程叫作数据封装。同样,在数据到达接收节点的对等层后,接收方将识别、提取和处理发送方对等层增加的数据头部(和尾部),接收方这种将增加的数据头部(和尾部)去除的过程叫作数据

第 2 章 城市轨道交通综合监控系统网络与通信基础

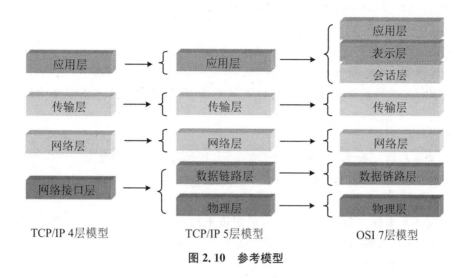

图 2.10 参考模型

拆封。

从计算机向网络发送数据的过程,就是一个数据封装的过程。参考模型的下四层总称数据流层,用来管理硬件。数据每进入下一层,都被加上一个报头,最后通过物理层将数据帧转换为高低电平发送至接收方。

2.3 网络设备

2.3.1 网络设备要求

不论是局域网、城域网还是广域网,在物理上通常都是由网卡、集线器、交换机、路由器、网线、RJ45 接头等网络连接设备和传输介质组成的。网络设备又包括中继器、网桥、路由器、网关、防火墙、交换机等设备。

2.3.2 服务器

服务器是计算机网络上最重要的设备。服务器指的是在网络环境下运行相应的应用软件,为网络中的用户提供共享信息资源和服务的设备。服务器的构成与微机基本相似,有处理器、硬盘、内存、系统总线等,但服务器是针对具体的网络应用特别制定的,因而服务器与微机在处理能力、稳定性、可靠性、安全性、可扩展性、可管理性等方面存在很大的差异。通常情况下,服务器比客户机拥有更强的处理能力、更多的内存和硬盘空间。服务器上的网络操作系统不仅可以管理网络上的数据,还可以管理用户、用户组、安全和应用程序。

服务器是网络的中枢和信息化的核心,具有高性能、高可靠性、高可用性、I/O 吞吐能力强、存储容量大、联网和网络管理能力强等特点。

服务器可以适应各种不同功能、不同环境，分类标准也变得多样化：按应用层次进行划分（入门级、工作组级、部门级、企业级）、按处理器架构进行划分（X86/IA64/RISC）、按服务器的处理器所采用的指令系统划分（CISC/RISC/VLIW）、按用途进行划分（通用型、专用型）、按服务器的机箱架构进行划分（台式服务器、机架式服务器、机柜式服务器、刀片式服务器）等。

服务器的选择：

① 性能要稳定。为了保证网络能正常运转，所选择的服务器首先要确保稳定，另外，性能稳定的服务器意味着为公司节省维护费用。

② 以够用为准则。

③ 应考虑扩展性。为了减少更新服务器带来的额外开销和对工作的影响，服务器应当具有较高的可扩展性，可以及时调整配置来适应发展。

④ 便于操作和管理。

⑤ 满足特殊要求。

⑥ 硬件搭配合理。为了能使服务器更高效地运转，要确保所购买的服务器内部配件的性能必须合理搭配。

2.3.3 交换机

交换（switching）是按照通信两端传输信息的需要，用人工或设备自动完成的方法，把要传输的信息送到符合要求的相应路由上的技术统称。

广义的交换机（switch）就是一种在通信系统中完成信息交换功能的设备。在计算机网络系统中，交换概念的提出是对于共享工作模式的改进。我们以前介绍过的 HUB 集线器就是一种共享设备，HUB 本身不能识别目的地址，当同一局域网内的 A 主机给 B 主机传输数据时，数据包在以 HUB 为架构的网络上是以广播方式传输的，由每一台终端通过验证数据包头的地址信息来确定是否接收。也就是说，在这种工作方式下，同一时刻网络上只能传输一组数据帧的通信，如果发生碰撞还得重试，这种方式就是共享网络带宽。

交换机拥有一条很高带宽的背部总线和内部交换矩阵。交换机的所有端口都挂接在这条背部总线上，控制电路收到数据包以后，处理端口会查找内存中的地址对照表以确定目的 MAC（网卡的硬件地址）的 NIC（网卡）挂接在哪个端口上，通过内部交换矩阵迅速将数据包传送到目的端口，目的 MAC 若不存在才广播到所有的端口，接收端口回应后交换机会"学习"新的地址，并把它添加入内部 MAC 地址表中。使用交换机也可以把网络"分段"，通过对照 MAC 地址表，交换机只允许必要的网络流量通过交换机。通过交换机的过滤和转发，可以有效地隔离广播风暴，减少误包和错包的出现，避免共享冲突。

交换机在同一时刻可进行多个端口对之间的数据传输。每一端口都可视为独立的网段，连接在其上的网络设备独自享有全部的带宽，无须同其他设备竞争使用。当节点 A 向节点 D 发送数据时，节点 B 可同时向节点 C 发送数据，而且这两个传输都享有网络的全部带宽，都有着自己的虚拟连接。假使这里使用的是 10 Mb/s 的以太网交换机，那么该交换机这时的总流通量就等于 2×10 Mb/s = 20 Mb/s，而使用 10 Mb/s 的共享式 HUB 时，一个

HUB 的总流通量也不会超出 10 Mb/s。

总之，交换机是一种基于 MAC 地址识别，能完成封装转发数据包功能的网络设备。交换机可以"学习"MAC 地址，并把其存放在内部地址表中，通过在数据帧的始发者和目标接收者之间建立临时的交换路径，使数据帧直接由源地址到达目的地址。

2.3.4 路由器

路由器是一种连接多个网络或网段的网络设备，它能将不同网络或网段之间的数据信息进行"翻译"，使它们能够相互"读"懂对方的数据，实现不同网络或网段间的互联互通，从而构成一个更大的网络。路由器已成为各种骨干网络内部之间、骨干网之间、一级骨干网和因特网之间连接的枢纽。校园网一般就是通过路由器连接到因特网上的。

路由器的工作方式与交换机不同，交换机利用物理地址（MAC 地址）来确定转发数据的目的地址，而路由器则是利用网络地址（IP 地址）来确定转发数据的地址。另外路由器具有数据处理、防火墙及网络管理等功能。

习　题

1. 简述网络服务器的作用。
2. 请举例说明常用的通信传输介质、各自的特征及优缺点。
3. 串行接口是什么样的？你在生活中见过吗？请举例说明。
4. 什么是 OSI 参考模型？
5. 简述交换机和路由器的区别。
6. 简述计算机网络的分类。
7. 简述网络拓扑结构的分类及特点。
8. 简述通信的传送方式。
9. 什么是 TCP/IP 参考模型？
10. 计算机网络性能指标有哪些？

第 3 章 城市轨道交通综合监控系统硬件配置

3.1 服 务 器

从广义上讲,服务器是指网络中能对其他机器提供某些服务的计算机(或系统)。从狭义上讲,服务器是专指某些高性能计算机,能通过网络对外提供服务,这种服务器相对于普通个人计算机来说,稳定性、安全性等方面的性能要求更高,因此其 CPU、芯片组、内存、磁盘系统、网络等硬件和普通 PC 有所不同。

服务器作为网络的节点,存储、处理网络上 80% 的数据、信息,因此也被称为网络的灵魂。服务器实际上是网络上一种为客户端计算机提供各种服务的高性能计算机,网络操作系统对其进行控制,并将与其相连的硬盘、磁带、打印机、Modem 及各种专用通信设备提供给网络上的客户站点共享,也能为网络用户提供集中计算、信息发表及数据管理等服务。服务器的高性能主要体现在高速度的运算能力、长时间的可靠运行、强大的外部数据吞吐能力等方面。

服务器的硬件构成与普通 PC 有众多的相似之处,其硬件构成仍然包含如下几个主要部分:中央处理器、内存、芯片组、I/O 总线、I/O 设备、电源、机箱和相关软件。服务器的性能设计目标是如何平衡各部分的性能,使整个系统的性能达到最优。作为服务器,硬件必须具备如下的特点:性能上,使服务器能够在单位时间内处理相当数量的服务器请求,并保证每个服务的响应时间和可靠性,使得服务器能够不停机;可扩展性上,使服务器能够随着用户数量的增加不断提升性能。因此服务器必须具有承担服务并保障服务质量的能力。这也是服务器硬件区别于普通 PC 的主要方面,如图 3.1 所示。

图 3.1 服务器

1. 服务器内存

服务器内存与平常所见的普通内存在外观和结构上没有什么实质性的区别,它主要是引入了一些新的技术,如 ECC(error checking and correcting)。ECC 和奇偶校验类似,广泛应用于各种领域的计算机指令中。然而,奇偶校验只能检测到错误的地方,ECC 实际上可以纠正绝大多数错误。经过内存的纠错,计算机的操作指令才可以继续执行。这在无形中就保证了服务器系统的稳定可靠。但 ECC 技术只能纠正单比特的内存错误,当发生多比特错误时,ECC 内存会生成一个不可隐藏的中断,系统将会自动中止运行。

另外,服务器内存一般都采用 8 层 PCB 板,完美的电源层和布线层保证了极佳的稳定性,而内存所采用的封装技术,不仅能够给内存带来体积的理想性、容量的可扩展性,更重要的是解决了散热、可靠性和密度的问题。

2. 服务器 CPU

目前,服务器的 CPU 仍按 CPU 的指令系统来区分,通常分为 CISC 型 CPU 和 RISC 型 CPU 两类,后来又出现了一种 64 位的 VLIW(very long instruction word,超长指令集架构)指令系统的 CPU。

(1) CISC 型 CPU

CISC 是英文 complex instruction set computer 的缩写,中文意思是复杂指令集,它是指英特尔生产的 x86(Intel CPU 的一种命名规范)系列 CPU 及其兼容 CPU(其他厂商如 AMD、VIA 等生产的 CPU),基于它的 PC 机体系结构称为 IA(intel architecture)架构。这种 CPU 一般都是 32 位的,所以也称为 I-32 CPU。CISC 型 CPU。目前主要有 Intel 的服务器 CPU 和 AMD 的服务器 CPU 两类。

(2) RISC 型 CPU

RISC 是英文 reduced instruction set computer 的缩写,中文意思是精简指令集,它是在 CISC 指令系统基础上发展起来的。相对于 CISC 型 CPU、RISC 型 CPU 不仅精简了指令系统,还采用了一种叫作超标量和超流水线结构的架构。在同等频率下,采用 RISC 架构的 CPU 比 CISC 架构的 CPU 性能高很多。RISC 型 CPU 与 Intel 和 AMD 的 CPU 在软件和硬件上都不兼容。

3. 综合监控系统服务器

在轨道交通中,服务器是综合监控系统的中枢,主要有车站级服务器和中央级服务器。下面举例说明它们的组成和功能。

(1) 车站实时服务器

主要运行本站的实时数据库,负责数据采集、分析、计算、存储等。由于数据量比较少,可采用性能较低端的服务器,如 HP rx2600。

(2) 中央级实时服务器

中央级实时服务器因涉及全线数据的运算,数据量大,因此需采用级别较高的服务器,如 HP rx4640,如图 3.2 所示。

(3) 中央级历史服务器

主要负责全线数据的存储,数据量大,因此也采用级别较高的服务器。

图 3.2　HP rx4640

3.2　磁　盘　阵　列

磁盘系统的作用是扩展服务器的磁盘容量。采用模块化设计的磁盘系统,其具有高度可扩展、非常灵活等特点,更能满足用户的需要,如图 3.3 所示。

图 3.3　模块化磁盘系统

HP surestore disk system 2405(ds 2405)是模块化设计磁盘系统的一个例子,它支持 2 Gb 光纤通道技术,每个机柜最多可以容纳 15 个磁盘驱动器(或超过 1 Tb 的容量),而且具有混合和匹配不同容量和速度的能力。ds 2405 可以从一个磁盘系统升级为惠普虚拟阵列的附加存储设备,为客户提供出色的投资保护。随着客户存储需要的发展,同一回路上最多可以加入 105 个磁盘驱动器,因此具有极高的可扩展性。此外,ds 2405 还向后兼容 1 Gb 光纤通道速度,延长基础架构投资的寿命。

目前 ds 2405 磁盘系统较多地应用了磁盘阵列技术。磁盘阵列(redundant array of independent disks,RAID)通过对多个磁盘的配置和应用来实现数据的容错功能和数据传输性能的提高。RAID 提供一个将多个单独硬盘当作一个大的虚拟硬盘的访问方法,通过将数据分散到单个硬盘上来减少由于其中一个硬盘损毁而造成的数据丢失,并且提高系统的访问效率。RAID 被应用于对数据存取性能有苛刻要求和对数据的安全性有很高要求的系统(如大型的文件服务系统、应用程序的处理服务)。

1. RAID 的配置方式

（1）RAID 0

即"磁盘带区集"。在技术角度，它并没有容错级别，也不提供容错功能，数据交错地写在多个磁盘中，所以当一个驱动器在读写时，另一个驱动器已经在搜寻下一个数据块。这种带区集的系统的优势是它有很高的传输速率，可以有效利用这个阵列中的所有磁盘空间；不利的因素是它没有容错功能，如果其中一个硬盘损坏，那么整个阵列里的所有数据将全部丢失。

（2）RAID 1

即"磁盘镜像"，通过在阵列里的一个硬盘上完全复制相同数据的方式来提供对数据的充分保护。如果其中一个硬盘毁坏，另外一个硬盘将提供精确的、完全相同的数据，RAID 系统将切换到镜像的硬盘继续使用，对用户而言，数据并没有丢失。即提供对管理者而言最简单有效的保护，当一个硬盘失效时，阵列管理软件会直接将数据请求切换到有效硬盘上。这种镜像系统的缺点是数据的存储速度并没有得到改善，而且磁盘利用率低。

（3）RAID 3

RAID 3 将数据交错分布在多个驱动器中，有一个专门的硬盘用户提供奇偶数据存储，提供错误数据的恢复和重建。

（4）RAID 5

RAID 5 是最通行的配置方式，具有奇偶校验的数据恢复功能的数据存储方式。在 RAID 5 里，奇偶校验数据块分布于阵列里的各个硬盘中，这样的数据连接会更加顺畅。如果其中一个硬盘损坏，奇偶校验数据将被用于数据的重建（这是一个很通行的做法）。这种方式的缺点是数据的读写时间会相对长些（在写入一组数据时必须完成两次读写操作）。它的容量是 $N-1$，必须至少有 3 个硬盘。

（5）RAID 0+1

这是带区集方式和镜像方式的组合，并没有采用奇偶校验的方式。它的优势在于数据访问速度快（如 RAID 0），可以用单个磁盘实现容错（如 RAID 1）。RAID 0+1 也要求双倍的磁盘数量。

2. 前端处理机

前端处理机（front end processor，FEP）是一个专用计算机，它的功能是完成所有的通信任务及协议转换，从而让服务器主机来进行专门的数据处理。因此，FEP 经常被称为通信控制机，主要功能是减轻主机运行的应用程序的负担。FEP 具有稳定性、实时性、多接口、支持多种协议（未知协议可编程实现）及可扩展的特性。

FEP 负责将各子系统接入综合监控系统，主要完成数据传送和协议转换功能。运行在 FEP 上的 Vxworks 操作系统为实时嵌入式操作系统，因此 FEP 正常运行时不需要用户的操作参与。FEP 将所有子系统的数据进行集中，数据经协议转换后由 FEP 传送给 MCS 服务器；对子系统的控制命令则由 MCS 服务器发送到 FEP 后分发到各子系统。

3. 综合监控系统 FEP

综合监控系统 FEP 以基于嵌入式实时操作系统的工业单板机为核心模块，并配置串口模块和以太网交换机模块，用以进行数据交换和通信。FEP 的前面板和后面板如图 3.4

所示。前面板功能见表3.1。

图 3.4　FEP 的 COM、以太网口

表 3.1　前面板功能说明

名称	说明
电源开关	开启和关闭电源
电源指示灯	FEP 加电后,电源指示灯绿色闪烁,正常启动后指示灯绿色发亮
RS-232 串口	接入 1 转 8 的串口转换线,接入与综合监控系统串口连接的子系统
以太网口	连接主板和内置交换机,以及接入主干网
COM 控制口	接入终端设备
复位按钮/指示灯	系统复位
内置交换机网口	通过以太网口接入综合监控系统的子系统
交换机指示灯	指示交换机工作状态

综合监控系统 FEP 的组成包括:机箱 TEK803、主板、内置交换机和一条 1 转 8 的串口转换线,主板以 MEN 公司的 A12b 为例。

(1) A12b 主板

A12b 主板用于嵌入式应用的单板计算机(single borad computer),是 FEP 的核心模块。主板上集成了高性能 CPU、内存接口、两个以太网口、串口及 M 模块接口等。

(2) 内置交换机

内置交换机将 FEP 原有的两个网口扩展到 8 个,各以太网接口子系统通过内置交换机接入 FEP,进而接入综合监控系统。

(3) 串口转换线

串口转换线将 FEP 原有的一个串口扩展到 8 个,各串口接口子系统通过串口转换线接入 FEP,进而接入综合监控系统,如图 3.5 所示。

图 3.5　串口转换线

3.3 操作工作站

综合监控系统充分考虑到轨道交通监控的高可靠性要求,特别是考虑到采用综合监控方式后,轨道交通各个专业系统的运行和维护都要在同一套系统上进行,对系统的可靠性要求更高。因此,方案采用的冗余机制涉及中央主备实时服务器之间、中央主备历史服务器之间、车站主备实时服务器之间、车站主备工作站之间、车站主备 FEP 之间、中央局域网双网之间、车站局域网双网之间;不仅包括硬件设备,还包括相应的软件,不仅包括运行的功能,还包括数据流程,这都是冗余的。多重冗余机制使得系统在任何单点故障和交叉故障时,都不影响 ISCS 运行。冗余配置的中央和车站服务器按照集群方式运行(设备不分主备,均衡负载,仅仅任务模块区分值班和备用),冗余配置的交换机和 FEP 等设备按照主备方式运行(设备区分值班和备用)。

3.3.1 显示器

显示器接收操作站主机的信号并形成图像,作用方式如同电视接收机。电脑屏幕一般采用液晶屏。电脑屏幕又称视觉显示器。

显示器主要技术参数:

① 分辨率:分辨率(resolution)就是指构成图像的像素和,即屏幕包含的像素多少。它一般表示为水平分辨率(一个扫描行中像素的数目)和垂直分辨率(扫描行的数目)的乘积。如 1920×1080,表示水平方向包含 1920 像素,垂直方向是 1080 像素,屏幕总像素的个数是它们的乘积。分辨率越高,画面包含的像素数就越多,图像也就越细腻清晰。显示器的分辨率受显示器的尺寸、显像管点距、电路特性等方面影响。

② 栅距和点距:栅距是指阴栅式显像管平行的光栅之间的距离,单位为 mm。采用阴栅式显像管的好处在于其栅距长时间被使用也不会变形,显示器被使用多年也不会出现画质下降的情况。

③ 点距(或条纹间距):是显示器的一个非常重要的硬件指标。它是指一种给定颜色的一个发光点与离它最近的相邻同色发光点之间的距离,这种距离不能用软件来更改,这一点与分辨率是不同的。在任何相同分辨率下,点距越小,显示图像越清晰细腻,分辨率和图像质量也就越高。

④ 带宽:带宽是显示器的一个非常重要的参数,能够决定显示器性能的好坏。所谓带宽是显示器视频放大器通频带宽度的简称。一个电路的带宽实际上是反映该电路对输入信号的响应速度和显示器的解像能力,带宽越宽,惯性越小,响应速度越快,允许通过的信号频率越高,信号失真越小。带宽的单位为 MHz,可以用"水平分辨率×垂直分辨率×刷新率"这个公式来计算它的数值。

⑤ 刷新率:显示器的刷新率分为垂直刷新频率和水平刷新频率。垂直刷新频率也叫场频,是指每秒钟显示器重复刷新显示画面的次数,以 Hz 表示。这个刷新的频率就是通

常所说的刷新率;水平刷新率又叫行频(horizontai scanning trequency),它是指显示器每秒钟扫描水平线的次数,单位是 kHz;垂直刷新率场频(vertical scanning frequency)的单位是 MHz,它是由水平刷新率和屏幕分辨率所决定的,垂直刷新率表示屏幕的图像每秒钟重绘多少次,也就是指每秒钟屏幕刷新的次数。

3.3.2 操作站主机

操作站主机是集散控制系统与用户进行信息交换的设备。

主机一般是指计算机除去输入输出设备以外的主要机体部分,也是用于放置主板及其他主要部件的控制箱体(容器,mainframe)。通常包括 CPU、内存、主板、硬盘、光驱、电源、机箱、散热系统以及其他输入输出控制器和接口。操作站主机是 ISCS 用来计算和操作的控制设备。

一般用一台高档微型计算机作为操作站主机,它采用实时多任务操作系统,利用显示屏的显示功能和键盘的操作功能对各个子系统进行集中操作和监视。

3.4 UPS 电源设备

3.4.1 不间断电源概述

随着电子技术的飞速发展,各种各样的用电器越来越多。而这其中的绝大部分都是非线性负载,也就是说它们从电网提取的电流波形与电压波形不一致。这样无疑给电网带来了大量的谐波以及其他的公害,使供电的质量越来越差。另外,一些重要的用电部门和用电设备,如计算机、通信设备等对供电质量的要求越来越高,不仅要求不停电,还要求电压、频率、波形准确完好,不能受到电网的任何干扰,必须有一个干净或净化的电源条件。这就使负荷(用电器)与电网供电质量之间的矛盾日趋加深。为了消除这些电网公害的影响,一方面是制定有关的规范来限制用电器对电网造成的公害;另一方面就是使用不间断电源 UPS(uninterruptable power supply),对电网和用电器进行隔离,既避免负载对电网产生干扰,又避免电网中的干扰影响负载。正常情况下,市电直接经过 UPS 整流、逆变后供给负载设备,同时对电池组进行强充电或浮充电;在市电电源故障的情况下,由电池组释放电能,经 UPS 逆变后继续对负载设备供电;在 UPS 故障情况下,可通过自动旁路切换到市电直接对负载设备供电,设备维修过程当中可通过手动旁路将负载设备切换到由市电直接供电方式。

UPS 的主要作用可以归纳为四个方面:

① 两路电源之间的无间断相互切换,将瞬间间断、波谐、电压波动、频率波动以及电压噪声等电网干扰阻挡在负载之前,既使负载对电网不产生干扰,又使电网中的干扰不影响负载。

② 电压变换作用。
③ 频率变换作用。
④ 提供一定的后备时间。

UPS 带有电池，可储存一定的能量，一方面可以在电网停电或发生间断时继续供电一段时间来保护负载，另一方面可以在 UPS 的整流器发生故障时使维修人员有时间来保护负载。

3.4.2 综合监控系统 UPS

综合监控系统的 UPS 通常采用较为大型的 UPS，为了便于操作和查看状态，UPS 的面板上会提供一些基本控制键、指示灯或显示屏等，下面以梅兰日兰 COMET（彗星）系列 15 kV·A UPS 为例，介绍 UPS 具有的一般控制和提示功能。图 3.6 是 COMET 15 kV·A UPS 的外观和面板 COMET 的外观和面板。

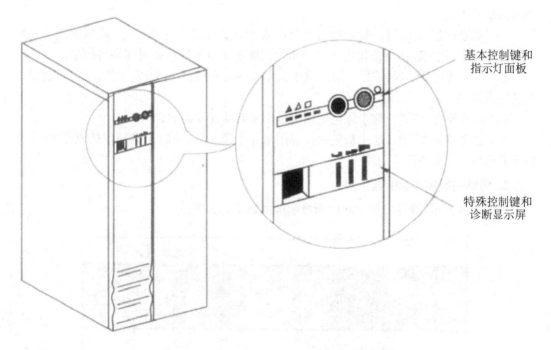

图 3.6 COMET 15 kV·A UPS 的外观和面板

1．基本控制键和指示灯

如图 3.7 所示，基本控制键和指示灯由以下部分组成：
① 蜂鸣器。蜂鸣器在下列情况下鸣响：
a．负载通过"自动旁路"直接由交流输入电源供电。
b．逆变器由电池供电。
c．运行中的故障。
② "负载由市电供电"指示灯。这个指示灯为橙色时表示逆变器停止运行（发生过载或内部故障），负载通过"自动旁路"直接由交流输入电源供电。

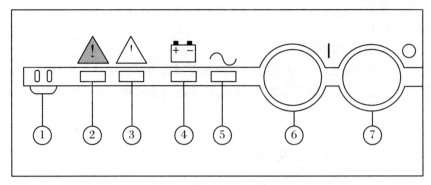

图 3.7 基本控制键和指示灯
1. 蜂鸣器　2. 负载不受保护　3. 故障灯　4. 电池状态
5. 负载受保护　6. 开逆变器　7. 关逆变器

③"故障"指示灯。指示灯为橙色时表示 UPS 运行故障或环境异常,但负载仍然由逆变器输出供电。

④"电池状态"指示灯。指示灯为橙色时表示在交流输入电源停电,或检测到交流输入电压超限时,逆变器由电池供电。本指示灯闪烁表示电池的后备时间即将结束。

⑤"负载受逆变器保护"指示灯。这个指示灯为绿色时表示 UPS 工作正常,负载由逆变器输出供电。

⑥"逆变器启动"键。这个绿色的按键是用来启动逆变器的。

⑦"逆变器停止"键。这个灰色的按键用来停止逆变器,为防止误操作造成停机,必须按下并保持 3 s,逆变器才会停止。

2. 特殊控制键和诊断显示屏

如图 3.8 所示,特殊控制键和诊断显示屏由以下部分组成:

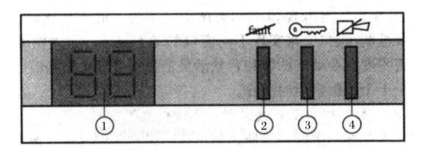

图 3.8 特殊控制键和诊断显示屏

① 诊断代码显示屏①。

② 故障复位键②。这个键用以清除存储在寄存器中的故障信息。寄存器中的报警信息只有在故障本身被排除后才能被清除。

③ 安全键③。安全键有以下几个功能:

a. 强迫停止。同时按住"安全键"和"逆变器停止键",持续 3 s。

b. 强迫切换。同时按住"安全键"和"逆变器启动键",持续 3 s。

④ 电池手动测试。同时按住"安全键"和"蜂鸣器复位键",持续 3 s。使用强迫启动或

停止功能,会使负载供电产生微小的间断。

⑤ 蜂鸣器复位键④。这个键能够停止蜂鸣器的鸣响。但当检测到一个新的故障出现时,蜂鸣器会再次响起。

3.5 大屏幕系统

3.5.1 大屏幕投影系统组成

大屏幕投影系统 OPS(open projector system)主要由三部分组成:大屏幕投影墙、投影机阵列、控制系统。

其中,控制系统是 OPS 的核心,目前世界上流行的拼接控制系统主要有三种类型:硬件拼接系统、软件拼接系统、软件与硬件相结合的拼接系统。

硬件拼接系统是较早使用的一种拼接方法,可实现的功能有分割、分屏显示、开窗口,即在四屏组成的底图上,用任意一屏显示一个独立的画面。由于采用硬件拼接,图像处理完全是实时动态显示,安装操作简单;缺点是拼接规模小,只能四屏拼接,扩展很不方便,不适应多屏拼接的需要,所开窗口固定为一个屏幕大小,不可放大、缩小或移动。

软件拼接系统是用软件来分割、拼接图像,可十分灵活地对图像进行特技控制,如在任意位置开窗口,任意放大、缩小,利用鼠标即可对所开的窗口任意拖动,在控制台上控制屏幕墙,如同控制自己的显示器一样方便。主要缺点是它只能在 UNIX 系统上运行,无法与 Windows 上开发的软件兼容;PC 机生成的图形也无法与其接口;在构成一个几十台投影机组成的大系统时,其相应的硬件部分显得繁杂。

软件与硬件相结合的拼接系统,可综合以上两种方法的优点,克服其缺点。这种系统可以使用显示多个 RGB 模拟信号及窗口的动态图形,是为多通道现场即时显示专门设计的。通过硬件和软件以及控制/接口,来实现不同窗口的动态显示。它透明度高:图像叠加透明显示,共有 256 级透明度,令动态图像和背景活灵活现;并联扩展性极好:系统采用并联框结构,最多可控制上千个投影机同时工作。

投影机采用 DLP 技术,利用反射式原理,实现更高黑白对比度,3 色光都由同一个微镜反射到同一像素点,不存在会聚问题,所以黑色区域是真正的黑色,像素点边缘不会出现毛边和阴影,因此在展示一些细的线条和小字号文本时,DLP 投影机会比 LCD 投影机更加清晰锐利,黑色和白色更纯正,灰度层次更加丰富。

3.5.2 大屏幕投影系统配置

以下举例说明构成大屏幕投影系统的基本配置。该 OPS 配置了 3 套处理器和 72 台投影机,投影墙系统呈 3(行)×24(列)排列,其中一套 Digicom 3030plus 处理器驱动 SIG

显示系统，共连接30台投影机，一套 Digicom 3012plus 驱动 CCTV 显示系统，共连接12台投影机；一套 Digicom 3030 分布式主从处理器驱动 MCS 显示系统，共30台投影机。

3.6　IBP 盘

综合后备盘（IBP）设置在每个车站控制室中，在紧急情况下提供紧急按钮，当中央级发生通信故障或车站级发生故障时，作为车站综合监控系统的后备设备，是在紧急情况下使用的按键式模拟监控盘，用于支持车站的关键监视和控制功能。IBP 为信号系统（SIG）、环境与设备监控系统（BAS）、自动售检票系统（AFC）、站台门/屏蔽门系统（PSD）、门禁系统（ACS）、乘客信息系统（PIS）、自动扶梯（ESC）、防淹门系统（FG）、火灾报警系统（FAS）提供一个统一的硬件安装平台，使车控室整洁美观。

3.6.1　IBP 盘物理结构

包括 IBP 盘体（包括马赛克盘面）、落地柜体、操作台三部分。

1. IBP 盘体

马赛克盘面表面安装有信号系统（SIG）、环境与设备监控系统（BAS）、自动售检票系统（AFC）、站台门/屏蔽门系统（PSD）、门禁系统（ACS）、乘客信息系统（PIS）、自动扶梯（ESC）、防淹门系统（FG）、火灾报警系统（FAS）专业的后备操作按钮、状态指示灯、蜂鸣器等电气元件，并印刷有必要的工艺图和文字说明。所有操作按钮都加盖与指示灯明显区分，以防止误操作。

IBP 盘面部件主要有：带灯瞬时按钮、带灯交替按钮、不带灯瞬时按钮、不带灯交替按钮、钥匙转换开关、指示灯、蜂鸣器等，如图 3.9 所示。

2. 落地柜体

落地柜体连接 IBP 盘体和操作台，其内部可安装主机、PLC、线槽和端子排等设备。

3. 操作台

操作台设计用于放置 MCS 双屏显示工作站、其他子系统的工作站、PA 后备控制键盘、CCTV 后备控制键盘、调度电话及公务电话等。

3.6.2　IBP 盘的使用

IBP 盘面根据需求设有以下控制区：信号系统备用控制区、防淹门备用控制区、消防联动备用控制区、区间水泵备用控制区、扶梯备用控制区、EMCS 备用控制区、站台门/屏蔽门备用控制区、AFC 备用控制区、ACS 备用控制区等。

第3章 城市轨道交通综合监控系统硬件配置

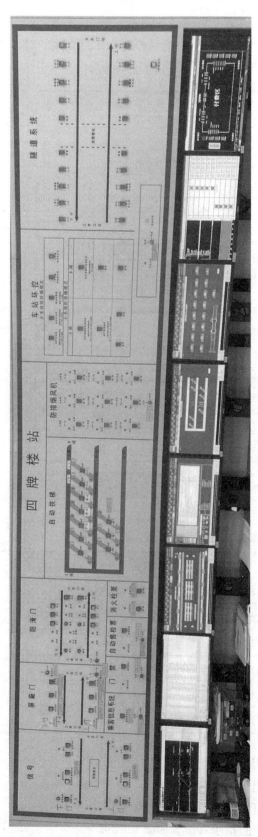

图 3.9 IBP 盘面

1. 信号系统(SIG)

在 IBP 上设置信号系统的"紧急停车/取消紧停""扣车/终止扣车"等按钮实现对列车的相关控制。信号系统盘面按钮、指示灯设置如图 3.10 所示。

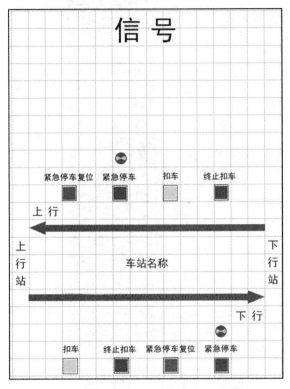

图 3.10　信号系统盘面按钮、指示灯布置图

信号系统盘面按钮、指示灯设置及主要功能如表 3.2 所示。

表 3.2　信号系统盘面主要功能表

序号	功能	描述	IBP 设备
1	扣车指令	发出扣车的控制指令并监视扣车的状态	黄色带灯按钮
3	终止扣车	发出终止扣车的控制指令并监视终止扣车的状态	红色带灯按钮
4	试灯	测试 IBP 盘上信号指示灯的好坏	白色不带灯按钮
5	紧急停车指令	发出紧急停车的控制指令	红色不带灯按钮
6	紧急停车指令返信	监视紧急停车的状态	红色指示灯
7	紧急急停复原指令	发出取消紧急停车的控制指令并监视状态	绿色带灯按钮

2. 环境与设备监控系统(BAS)

监控车站防排烟模式、隧道列车阻塞及隧道火灾模式,并显示隧道列车阻塞信号。

车站环控盘面按钮、指示灯设置如图 3.11 所示。

隧道系统车站环控盘面按钮、指示灯设置如图 3.12 所示。

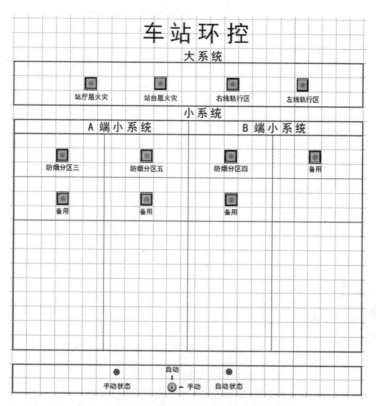

图 3.11　车站环控盘面按钮、指示灯布置图

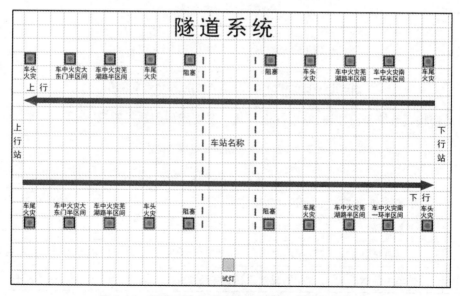

图 3.12　隧道系统车站环控盘面按钮、指示灯布置图

车站环控及隧道系统盘面按钮、指示灯设置及主要功能如表 3.3 所示。

表 3.3 车站环控及隧道系统盘面功能表

序号	功能	描述	形式
1	模式中止	发出正在执行的模式停止的控制指令	红色不带灯自复按钮
2	BAS 试灯按钮	测试 IBP 盘上信号指示灯的好坏	黄色不带灯自复按钮
3	模式控制	发出执行车站防排烟模式、隧道列车阻塞及隧道火灾模式等相关模式的控制指令并监视控制模式执行的状态	红色带灯自复按钮
4	自动状态	用于监视 BAS 控制模式的自动状态	红色指示灯
5	手动状态	用于监视 BAS 控制模式的手动状态	红色指示灯
6	隧道列车阻塞信号	用于监视隧道列车阻塞的状态	红色指示灯
7	自动/手动转换开关	自动/手动转换	钥匙开关

3. 自动售检票系统（AFC）

提供"闸机紧急释放"控制，并监视闸机紧急释放状态。自动售检票系统盘面按钮、指示灯设置如图 3.13 所示。

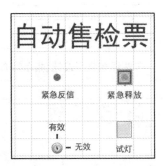

图 3.13 自动售检票系统盘面按钮、指示灯布置图

自动售检票系统盘面按钮、指示灯设置及主要功能如表 3.4 所示。

表 3.4 自动售检票系统盘面功能表

序号	功能	描述	形式
1	"有效/无效"使能	"闸机紧急释放"控制使能	钥匙开关
2	紧急释放	在紧急情况下，打开闸机放行	红色带灯自锁按钮
3	闸机试灯	测试闸机紧急反信指示灯的好坏	黄色不带灯自复按钮
4	紧急反信状态	监视闸机紧急释放状态	绿色指示灯

4. 站台门/屏蔽门系统（PSD）

监视本站内的站台门/屏蔽门系统主要报警及开门状态，并提供每边站台的站台门/屏蔽门的开/关控制功能。站台门/屏蔽门系统盘面按钮、指示灯设置如图 3.14 所示。

站台门/屏蔽门系统盘面按钮、指示灯设置及主要功能如表 3.5 所示。

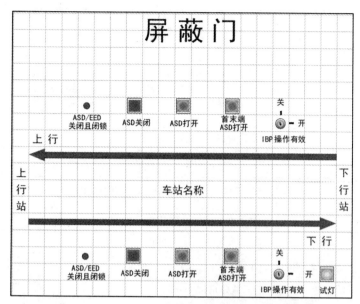

图 3.14 站台门/屏蔽门系统盘面按钮、指示灯布置图

表 3.5 站台门/屏蔽门系统盘面功能表

序号	功能	描述	形式
1	上行/下行 IBP 盘操作有效使能	上行/下行站台门(屏蔽门)开/关控制使能	使能钥匙开关
2	上行/下行 IBP 盘有效状态	上行/下行监视站台门开/关控制使能状态	绿色指示灯
3	站台门试灯	测试站台门状态指示灯的好坏	黄色带灯自复按钮
4	上行/下行 ASD 打开	用于在紧急情况下,开启上行/下行侧站台门,保证旅客迅速疏散、逃生	红色带灯自复按钮
5	上行/下行 ASD 关闭	用于在紧急情况下,关闭上行/下行侧站台门	绿色带灯自复按钮
6	首末端 ASD 打开	用于在紧急情况下,开启上行/下行首末端站台门	红色带灯自复按钮
7	ASD/EED 关闭且紧锁指示灯	监视 ASD/EED 关闭且紧锁状态	绿色指示灯
8	上行/下行侧设备故障	监视上行/下行侧站台门的故障状态	指示灯

5. 门禁系统(ACS)

实现门锁的紧急开门控制和监视车站门的状态。门禁系统盘面按钮、指示灯设置如图 3.15 所示。

门禁系统盘面按钮、指示灯设置及主要功能如表 3.6 所示。

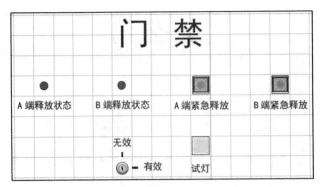

图 3.15 门禁系统盘面按钮、指示灯布置图

表 3.6 门禁系统盘面功能表

序号	功能	描述	形式
1	"有效/无效"使能	门锁的紧急开门控制使能	钥匙开关
2	紧急释放	在紧急情况下,打开门禁放行	红色带灯自锁按钮
3	门禁试灯	测试门禁释放状态指示灯的好坏	黄色不带灯自复按钮
4	释放状态	监视门禁的释放状态	红色指示灯

6. 乘客信息系统(PIS)

实现车站范围内紧急信息发布及拥堵提示。乘客信息系统盘面按钮、指示灯设置如图 3.16 所示。

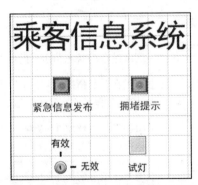

图 3.16 乘客信息系统盘面按钮、指示灯布置图

乘客信息系统盘面按钮、指示灯设置及主要功能如表 3.7 所示。

表 3.7 乘客信息系统盘面功能表

序号	功能	描述	形式
1	"有效/无效"使能	发布紧急信息及拥堵提示使能	钥匙开关
2	试灯	测试乘客信息指示灯状态	黄色不带灯自复按钮
3	紧急信息发布	用于从IBP盘进行紧急信息发布,并监视指令执行状态	红色带灯自锁按钮
4	拥堵提示	用于从IBP盘进行拥堵提示,并监视指令执行状态	红色带灯自锁按钮

7. 自动扶梯(ESC)

监视本站内的自动扶梯的上行/下行/停止状态、就地紧急停止状态及故障报警,并提供单台停止控制。自动扶梯盘面按钮、指示灯设置如图3.17所示。

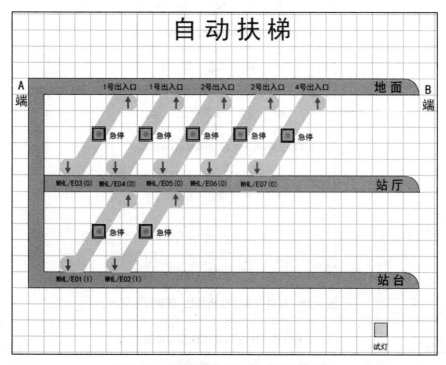

图 3.17　自动扶梯盘面按钮、指示灯布置图

自动扶梯盘面按钮、指示灯设置及主要功能如表3.8所示。

表 3.8　自动扶梯盘面功能表

序号	功能	描述	形式
1	出入口扶梯急停	在紧急情况下,停止出入口扶梯运行并监视出入口扶梯紧急停止的状态	红色带灯自锁按钮
2	站内扶梯急停	在紧急情况下,停止站内扶梯运行并监视站内扶梯紧急停止的状态	红色带灯自锁按钮
3	就地紧急停止状态	监视扶梯就地紧急停止状态	红色指示灯
4	扶梯状态	监视扶梯上行/下行状态	绿色指示灯
5	扶梯故障状态	监视扶梯的故障状态	红色指示灯

8. 防淹门系统(FG)

监视相邻区间防淹门系统主要报警及开门状态,并提供防淹门的开/关控制功能。防淹门系统盘面按钮、指示灯设置如图3.18所示。

防淹门系统盘面按钮、指示灯设置及主要功能如表3.9所示。

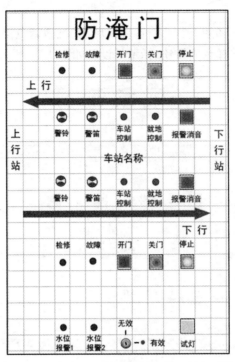

图 3.18 防淹门系统盘面按钮、指示灯布置图

表 3.9 防淹门系统盘面功能表

序号	功能	描述	形式
1	"有效/无效"使能	防淹门的开/关控制使能	钥匙开关
2	IBP 盘有效状态	监视防淹门开/关控制使能状态	绿色指示灯
3	防淹门试灯	测试防淹门状态指示灯的好坏	绿色不带灯自复按钮
4	车站控制状态	监视防淹门的车控室 IBP 盘的控制状态	绿色指示灯
5	就地控制指示灯	监视防淹门的现场就地的控制状态	绿色指示灯
6	警铃报警	用于一级水位报警	警铃
7	一级水位报警状态	用于监视区间隧道的水位已达到或超过预报警水位的状态	红色指示灯
8	警笛报警	用于二级水位报警	警笛
9	二级水位报警状态	用于监视区间隧道的水位已达到或超过危险水位的状态	红色指示灯
10	上行/下行侧关门	用于在紧急情况下,关闭上行/下行侧防淹门,并监视关门执行的状态	红色带灯自复按钮
11	上行/下行侧开门	用于在紧急情况下,开启上行/下行侧防淹门,并监视开门执行的状态	绿色带灯自复按钮

续表

序号	功能	描述	形式
12	上行(/下行)侧停止动作	用于在紧急情况下,停止上行(/下行)侧关门/开门动作,并监视防淹门关门/开门动作停止状态	黄色带灯自复按钮
13	上行(/下行)侧设备故障	监视防淹门的故障状态	红色指示灯
14	上行(/下行)侧检修	监视防淹门的检修状态	红色指示灯

9. 火灾报警系统(FAS)

监控车站范围内专用排烟风机,监控本站内的消防水泵情况,操作员能够从IBP启动消防水泵。火灾报警系统盘面按钮、指示灯设置如图3.19所示。

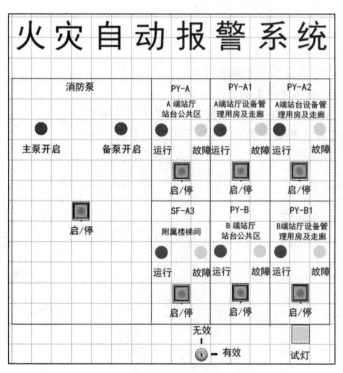

图3.19 火灾报警系统盘面按钮、指示灯布置图

火灾报警系统盘面按钮、指示灯设置及主要功能如表3.10所示。

表3.10 火灾报警系统盘面功能表

序号	功能	描述	形式
1	"有效/无效"使能	启动消防水泵及专用排烟风机使能	钥匙开关
2	FAS试灯	测试FAS状态指示灯的好坏	黄色不带灯自复按钮
3	水泵启停	从IBP启动消防水泵并监视消防水泵开启状态	红色带灯自锁按钮
4	主泵反馈状态	监视主泵运行状态	红色指示灯

续表

序号	功能	描述	形式
5	备泵反馈状态	监视备泵运行状态	红色指示灯
6	风机启停	用于从 IBP 盘启停车站范围内专用排烟风机	红色带灯自锁按钮
7	风机反馈状态	监视风机运行状态	红色指示灯

习　题

1. 综合监控系统硬件有哪些？
2. 简述 IBP 盘的监控系统分区。
3. IBP 盘面部部件主要有哪些？
4. 轨道交通中服务器的分类有哪些？
5. 简述工控机的组成。
6. 简述前端处理机的作用。
7. 简述 ds 2405 磁盘阵列的配置模式。
8. 简述拼接控制系统中主流的三种类型。
9. 通常综合监控采用的 UPS 面板中会提供哪些信息？
10. 简述操作站主机的作用。

第4章　城市轨道交通 BAS 子系统

4.1　BAS 系统概述

BAS 系统(building automatic system)即设备与环境监控系统,原为建筑楼宇自控系统。地铁因其具有大运量和快捷的特点在城市交通中担当着十分重要的角色,环境与设备监控系统(BAS)对地铁环控和机电设施(包括通风、空调、给排水、照明、电扶梯等)进行全面自动化监控及管理,确保设备处于安全、可靠、高效、节能的最佳运行状态,以达到舒适、安全、方便、节能的目的。

BAS 系统集成于 ISCS 系统。车站 BAS 系统负责采集现场的环境参数、设备运行状态等信息,其结果形成设备运行数据和归档数据实时或定时地上传给中央级;中央级 BAS 系统对全线的上传数据进行处理和归档,实时监测各车站机电设备的运行状态和车站环境状况,刷新数据库的相关记录,确定各站的运行模式和时间表,下发指令触发各站 BAS 的模式控制和时间控制,必要时进行设备调控。BAS 现场级主要通过过程控制技术,对地铁通风空调等机电设施按设置功能、系统运行工况和地铁环境标准等要求进行监测、控制和科学管理,并能配合综合监控系统下的火灾报警子系统、SCADA 子系统等。

《地铁设计规范》(GB 50157—2003)中将 BAS 定义为:对地铁建筑物内的环境与空气条件、通风、给排水、照明、乘客导向、自动扶梯、电梯、站台门/屏蔽门、人防门(防淹门)等建筑设备和系统进行集中监视、控制和管理的系统。

1. 作用

① BAS 系统负责对全线各站点机电设备进行集中监控和日常管理,在满足环境调控的同时进行节能管理。

② BAS 系统在全线设置控制中心和车站控制室两级管理,中心、车站、就地三级控制。

③ 对于平时用于送、排风,火灾时执行防排烟任务的车站共用设备,由 BAS 控制,火灾时 FAS 向 BAS 发出火灾模式指令,在突发事故及灾害情况下进行通风、排烟等,从而保证安全。

④ 为乘客和运营人员提供舒适的环境。

2. 监控对象

BAS 系统的监控对象应以通风、空调及制冷系统为重点,根据不同功能需求也可包括以下系统:

① 给排水系统。

② 照明系统。
③ 乘客导向系统。
④ 电梯。
⑤ 站台门、人防门等。

4.2 BAS 组成及功能

4.2.1 中央级组成及功能

BAS 系统由中央级、车站级、现场级网络和全线网络构成。BAS 网络结构采用分布式网络结构。BAS 网络由通信传输网、中央级和车站级监控网（局域网）及现场总线组成，实现了集中管理、分散控制的形式，减小了故障的波及面。中央级与车站级之间的传输网络由通信系统提供。

BAS 不单独组建全线网络，在车站级由综合监控系统集成，由综合监控系统组建全线监控系统。全线车站、车辆段、停车场 BAS 集成于 ISCS，BAS 的中心级功能由 ISCS 实现，BAS 的传输网络由 ISCS 提供，BAS 车站级通过 PLC 控制器的网络接口与 ISCS 的交换机连接，实现接入 ISCS。具体构成如图 4.1 所示。

全线 BAS 系统选择的主控制器为冗余 PLC、BAS 和 ISCS 系统之间数据流通过扩展的以太网通信模块连接 ISCS 系统交换机来实现；BAS 内部的数据流通过主控制器集成的 PROFIBUS 接口连接冗余远程 RI/O 模块实现，两者之间的数据流分开。

中央级 BAS 功能负责完成全局性的 BAS 调度管理。一般在 OCC 设置了 1 个环调席位，ISCS 为中央环调配置了 1 台双屏工作站。

在 OCC 环调工作站，中央环调操作员可以监视：

① 所有车站的 BAS 设备状态：中央环调可直接调用各个车站的 BAS HMI 画面，查看车站的 BAS 设备状态。

② 所有车站的 BAS 模式号状态：中央环调可以调用各个车站的模式号画面，查看车站的模式号状态。

③ 所有车站的 BAS 时间表内容：中央环调可以查看已经编辑的和已经在运行的各个时间表。

中央环调操作员可以操控：

① 更改各站每个 BAS 子系统的控制权所在地。
② 管理、编辑并下发各站时间表。
③ 下发阻塞模式号。
④ 下发各站的 BAS 模式号。
⑤ 控制各站的 BAS 设备。

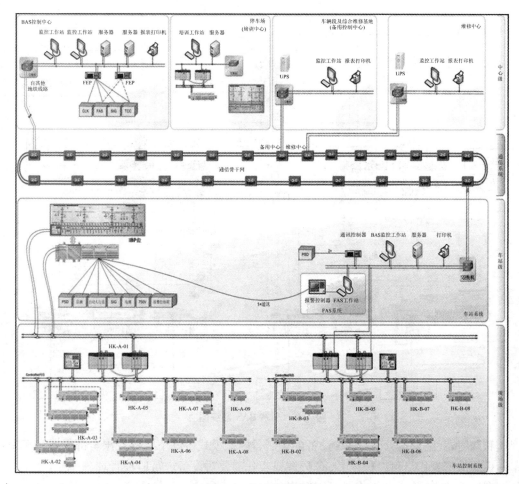

图 4.1　BAS 网络结构

4.2.2　车站级组成及功能

1. 车站

车站 BAS 系统主要由冗余 PLC、IBP 盘 PLC、一体化工作站、各种远程 I/O 模块（RI/O 模块）、通信接口模块、电源转换及配电设备、各种传感器、配电电缆等组成。

BAS 在车站两端的环控电控室分别设置 BAS 控制柜，柜内配置冗余 PLC、I/O 组件、通信接口模块等设备，分别对车站两端的机电设备进行监控。其中靠近车站控制室的一端（A 端）的冗余 PLC 为主控制器，另一端（B 端）的冗余 PLC 为从控制器。

BAS 在车站及车站所辖区间的环控机房、照明配电室等位置设置远程 I/O 模块箱，通过 RI/O 模块实现对机电设备的监控。远程 I/O 模块箱通过自愈光纤以太环网接入主、从控制器。分别实现对车站两端及所辖区间的机电设备进行监控管理。车站系统组成如图 4.2 所示。

车站 BAS 执行中央级制定的运行方案，接收中央级的时间表指令和阻塞模式启动指令，并将时间表和阻塞模式下发给 BAS PLC 控制器。同时，车站 BAS 完成对设备的日常

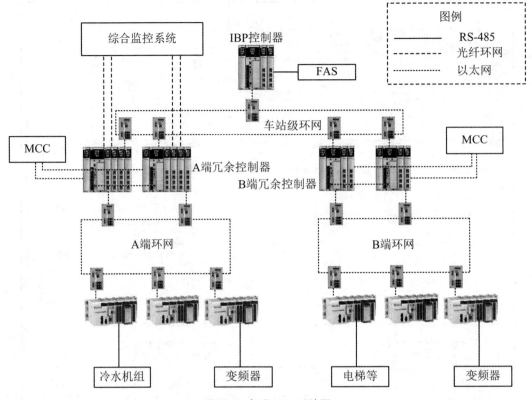

图 4.2　车站 BAS 系统图

管理和调度，在正常运营时，BAS 设备的控制、挂牌、模式号的下发等权限全部保留在车站，车站机电值班操作员可以根据 OCC 环调或实际需要对设备进行监控管理。

车站 ISCS 工作站的操作员可以监视：

① 车站的 BAS 各系统设备的状态，包括大系统、小系统、水系统、传感器、电扶梯、给排水和动力照明等设备。

② 车站的环境参数以及环控的过程参数。

③ 车站的 BAS 模式号的状态，包括火灾联动模式、大系统模式、小系统模式、水系统模式、电扶梯模式和动力照明模式等。

④ 车站的 BAS 时间表内容。

车站 ISCS 工作站的操作员可以控制：

① 车站 BAS 模式号的启动，不包括阻塞模式和火灾模式。

② 车站低压配电照明系统，包括工作照明、广告照明、节电照明等。

③ 车站事故照明电源系统，包括事故照明电源系统各馈出回路。

④ 车站通风和空调系统，包括空调机组、车站风机、各类风阀、空调水系统。

⑤ 车站给排水系统，包括车站/区间污水泵、排水泵等。

⑥ 隧道通风系统，包括区间风机、射流风机等。

车站 BAS 接收车站 ISCS 的对时信号，车站 ISCS 服务器通过交换机接口协议（Modbus TCP/IP）与 BAS PLC 控制器对时。ISCS 将通过写寄存器的方式向 BAS 提供时钟同步信号，BAS 通过嵌入 Modbus 协议中的时间信息与 ISCS 进行时间同步。

2. 场段级

BAS 网络采用分层分布式结构，在车辆段、停车场综合楼综合监控设备室内设一套冗余型的 PLC 控制器构成车辆段、停车场级 BAS 系统。在车辆段、停车场的空调机房、照明配电室、各类水泵附近等位置设置远程 I/O 模块箱，实现对机电设备的监控。冗余 PLC 通过自愈光纤以太环网连接远程 I/O 模块箱。BAS 系统通过 RS-485 总线与 FAS 相连。

控制器(冗余 PLC)通过以太网卡与车辆段/停车场综合监控系统交换机连接，实现与综合监控系统的数据交换。

场段级系统组成如图 4.3 所示。

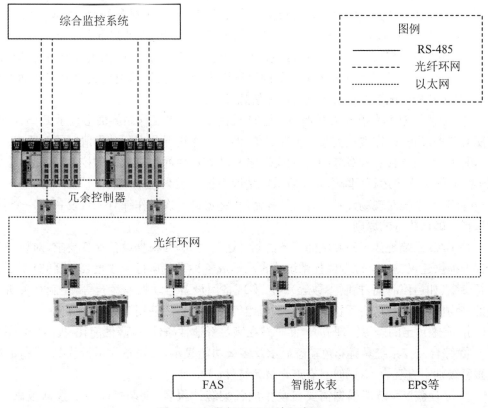

图 4.3　场段级 BAS 系统组成图

场段级 BAS 功能与车站级相同。

3. IBP 盘

车站 IBP 盘由 ISCS 设置，BAS 专业只提供 PLC 及 I/O 模块。

4.2.3　现场级组成及功能

BAS 系统现场级控制网络也是采用冗余 PROFIBUS 双总线网络。车站两端的冗余 PLC 控制器通过集成在 CPU 上的以太网接口和交换机形成光纤双环以太网，传输速率最高可达 100 Mb/s。车站两端的冗余 PLC 控制器与远程 I/O 箱中的冗余 ET-200M 通过冗余 PROFIBUS 双总线相连。

现场控制级功能：

① BAS系统将对车站及区间的环控、给排水、照明设备实施运行监视和控制，对站内垂直电梯、自动扶梯等设备的运行状态及故障报警实施监视。

② BAS系统将对车站典型区域的温度、湿度、二氧化碳浓度等环境参数进行监测。为了营造站内舒适的环境，利用PID调节功能使站内的温湿度稳定在一定的范围内；利用通风系统减少二氧化碳的浓度，而且能满足通风空调系统的节能要求。

③ BAS系统将采集和记录车站及区间机电设备的运行状态、故障报警信息和监测数据，并上报送至线路控制中心中央系统。

④ 控制中心下发控制指令到相应的车站，车站ISCS将指令下发到BAS系统，当BAS系统执行控制中心的控制指令时，将根据模式表控制站内相关设备的运行协调。

⑤ 实现对被控设备的单独控制、联锁控制和各种模式的手动与自动控制。

⑥ BAS系统与火灾报警系统等进行接口，交换相关信息，按照火灾报警系统的控制要求，控制与防灾有关设备在火灾工况下的运行模式，并将执行情况反馈给火灾自动报警系统，确保在各种工况下的运行控制协调和信息显示。

⑦ 发生火灾时，将在车站控制室/消防控制室的ISCS工作站界面上显示FAS、BAS系统所有监控设备(即完整火灾联动工况对象)的应动作情况与实际动作情况的对照表。

⑧ BAS系统具有针对各种运行模式、各种状态条件的控制预案和控制时间表，正常情况下按时间表程序运行，事故、阻塞或故障情况下执行预案程序。

⑨ BAS系统对现场设备进行直接控制时，将遵循一次操作针对一台设备的一个动作、先选择再确认执行的原则。

⑩ BAS系统统计车站和区间设备的累计运行时间，并根据设备保养要求，对设备的维护保养提供建议提示。综合监控系统能自动形成各种设备运行参数报表，或随时变更设备运行参数(如启停时间、控制参数等)。可实现备用设备自动切换运行等，控制有关机电设备的平均使用时间，从而延长水泵、空调机组等各种设备的使用寿命。

⑪ 实施预定的能源管理方案，使车站在满足舒适性条件下，降低能耗，提高经济效益。

⑫ 综合监控系统具有彩色动态显示及多级功能显示，对设备的运行状况、设备故障及其报警级别有直观表示，同时具有声光报警特性。

⑬ 综合监控系统能根据需要自动生成各类统计报表，定期打印输出数据报表(日报表、周报表、月报表等)。

⑭ 系统具有操作保护措施，不同级别的操作员具有不同的访问权限，系统具有在线维护和自诊断功能。

4.3 各类传感器

本项目温湿度、二氧化碳传感器均采用工业级产品。

1. 温湿度传感器

温度传感器测量范围：室外 $-20 \sim 60\ ℃$，室内 $-10 \sim 50\ ℃$，风管道 $-20 \sim 60\ ℃$。

湿度传感器测量范围：室外0～100%（非结露），室内0～100%（非结露），风管道0～100%（非结露）。

风管及室外式温湿度传感器：温度传感器的阻值特性为：Pt1000 RTD 1/3 IEC751 B级，符合DIN 60751标准，测量精度为±0.3 ℃（23 ℃时）；湿度传感器为电容式，电源为DC 24 V，端子盒防护等级为IP65，输出为4～20 mA，测量精度为±2%RH，塑料外壳（阻燃等级符合UL94-V0），同时配置施工安装的连接件。传感器采用工业用的产品。

室内式温湿度传感器：温度传感器的阻值特性为Pt1000 RTD 1/3 IEC751 B级，符合DIN 43760标准，测量精度为±0.3 ℃（23 ℃时）；湿度传感器为电容式，电源为DC24V，端子盒防护等级为IP50，输出为4～20 mA，测量精度为±2%RH，塑料外壳（阻燃等级符合UL94-V0），同时配置施工安装的连接件。传感器采用工业用的产品，如图4.4所示。

图4.4　温湿度传感器

2. 二氧化碳传感器

安装于公共区、地下区间，用于检测公共区域、地下区间的环境情况，供值班人员调节风量，要求配置施工安装的连接件，如图4.5所示。

输出信号：4～20 mA。

测量误差：±(50 ppm＋测量值的2%)。

长期稳定性：±量程的5%/5年。

塑料外壳：阻燃等级符合UL94-V0。

测量范围：0～2000 ppm。

图4.5　二氧化碳传感器

4.4 系统接口

BAS系统在车站、区间与各专业存在各种各样的接口,不仅接口类型复杂,而且数量巨大。这就要求各相关专业相互配合、相互协调,共同完成涉及多专业设备的处理工作。

与BAS系统存在接口的专业有:环控专业、给排水专业、FAS专业、ISCS专业、低压配电专业、电扶梯专业与防淹门。各专业接口表如表4.1所示。

表4.1 BAS系统与各专业接口表

接口专业		接口界面	分工界面	接口类型
环控专业	群控系统	在车站环控电控室冷水机组群控柜通信接口端子排	在车站环控电控室通信接口端子排以内为环控专业负责,以外为BAS专业负责	通信接口 RS-485
	组合式空调机组	在车站环控机房组合式空调机组控制柜接线端子处	在车站环控电控室接线端子排以内为环控专业负责,以外为BAS专业负责	硬线接口 1.5 mm²
	电子净化装置	在车站通风机房电子净化装置控制箱接线端子处	在车站通风机房接线端子排以内为环控专业负责,以外为BAS专业负责	硬线接口 1.5 mm²
	风阀(70 ℃防烟防火阀、280 ℃排烟防火阀)	在车站防火阀执行器接线端子处	在接线端子以内为环控专业负责,以外为BAS专业负责	硬线接口 1.5 mm²
	风阀(70 ℃防烟防火阀、280 ℃排烟防火阀——电动防火阀)	在车站防火阀执行器接线端子处	在接线端子以内为环控专业负责,以外为BAS专业负责	硬线接口 1.5 mm²
	风阀(不带设定位电动多页风量调节阀、电动组合风阀)	在车站阀门手操箱接线端子处	在接线端子以内为环控专业负责,以外为BAS专业负责	硬线接口 1.5 mm²
	风阀(带设定位电动多页风量调节阀)	在车站阀门手操箱接线端子处	在接线端子以内为环控专业负责,以外为BAS专业负责	硬线接口 1.5 mm²
	风阀(气灭房间)70 ℃防烟防火阀、70 ℃电控防烟防火阀	在车站防火阀执行器接线端子处	在接线端子以内为环控专业负责,以外为BAS专业负责	硬线接口 1.5 mm²
	风机盘管	在车站风机盘管通信模块的接线端子处	在接线端子以内为环控专业负责,以外为BAS专业负责	通信接口 RS-485

续表

接口专业		接口界面	分工界面	接口类型
环控专业	区间事故风机(TVF)	在车站/花锦区间环控电控室风机软启控制柜通信接口处	在车站环控电控室软启通信接口以内为环控专业负责，以外为BAS专业负责	通信接口 RS-485
		在车站/花锦区间环控电控室风机软启控制柜接线端子处	在车站环控电控室软启接线端子以内为环控专业负责，以外为BAS专业负责	硬线接口 1.5 mm²
	排热风机(UOF)	在车站环控电控室风机变频控制柜通信接口处	在车站环控电控室变频通信接口以内为环控专业负责，以外为BAS专业负责	通信接口 RS-485
		在车站环控电控室风机变频控制柜接线端子处	在车站环控电控室变频接线端子以内为环控专业负责，以外为BAS专业负责	硬线接口 1.5 mm²
	回排风机(HPF)	在车站环控电控室风机变频控制柜通信接口处	在车站环控电控室变频通信接口以内为环控专业负责，以外为BAS专业负责	通信接口 RS-485
		在车站环控电控室风机软启控制柜接线端子处	在车站环控电控室变频接线端子以内为环控专业负责，以外为BAS专业负责	硬线接口 1.5 mm²
	多联分体空调(PCU)	在车站控制室PCU通信网关处	在车站控制室通信网关以内为环控专业负责，以外为BAS专业负责	通信接口 RS-485（每站一个通信网关）
	电动二通阀（冷冻水系统）	在电动二通阀控制箱接线端子排处	在车站接线端子排以内为环控专业负责，以外为BAS专业负责	硬线接口 1.5 mm²
给排水专业	消防电动蝶阀	在车站消防蝶阀控制箱接线端子排处	在端子排以内为给排水专业负责，以外为BAS专业负责	硬线接口 1.5 mm²
	水泵	在车站及区间泵房水泵控制箱接线端子处	在端子排以内为给排水专业负责，以外为BAS专业负责	硬线接口 1.5 mm²
	超声波、压力液位控制器、液位传感器	在车站超声波、压力液位控制器的接线端子上	在端子排以内为给排水专业负责，以外为BAS专业负责	硬线接口 1.5 mm²
FAS专业		在车站控制室及车辆段、停车场消防控制室FAS主机RS-485端口处	在车站、场段FAS主机RS-485端口以内为FAS专业负责，以外为BAS专业负责	通信接口 RS-485

续表

接口专业		接口界面	分工界面	接口类型
ISCS专业		在A端环控电控室主PLC通信接口处	在A端环控电控室主PLC通信接口以内为BAS专业负责,以外为ISCS专业负责	10/100 M以太网,光口
		在车站控制室IBP盘端子排处	在车站控制室IBP盘端子排以内为ISCS专业负责,以外为BAS专业负责	硬线接口 1.5 mm²
		在车站、场段综合监控设备室总分配电柜馈出开关下口处	在车站、场段综合监控设备室总分配电柜馈出开关下口以内为ISCS专业负责,以外为BAS专业负责	硬线接口 1.5 mm²
低压配电专业	动力照明	在车站配电室照明配电箱接线端子处	在车站配电室照明配电箱接线端子以内为低压供电专业负责,以外为BAS专业负责	硬线接口 1.5 mm²
	车辆段动力照明	在车辆段各建筑单体BAS机房或值班室馈出回路的接线端子处(供电)	在车辆段各建筑单体BAS机房或值班室馈出回路的接线端子以内为低压供电专业负责,以外为BAS专业负责	硬线接口 1.5 mm²
	EPS	在车站配电室、区间风井配电室EPS柜端子排处	在车站配电室、区间风井配电室EPS柜端子排以内为低压供电专业负责,以外为BAS专业负责	通信接口 RS-485(每个EPS柜提供一个接口)
	车辆段EPS	在车辆段各建筑单体EPS柜端子排处	在车辆段各建筑单体EPS柜端子排以内为低压供电专业负责,以外为BAS专业负责	通信接口 RS-485(每个EPS柜提供一个接口)
	智能低压	在车站A、B端环控电控室内,低压环控柜内的智能通信管理器通信接口上	在车站A、B端环控电控室内,低压环控柜内的智能通信管理器通信接口以内为低压供电专业负责,以外为BAS专业负责	通信接口 RS-485
		在区间配电室内,低压环控柜内的智能通信管理器通信接口上	在区间配电室内,低压环控柜内的智能通信管理器通信接口以内为低压供电专业负责,以外为BAS专业负责	通信接口 RS-485

续表

接口专业	接口界面	分工界面	接口类型
电扶梯专业	在电梯控制器通信口处	在电梯控制器通信口以内为电梯专业负责,以外为BAS专业负责	通信接口RS-485
	在车站扶梯控制器通信口处	在车站扶梯控制器通信口以内为扶梯专业负责,以外为BAS专业负责	通信接口RS-485
	在高铁南站人行道扶梯控制器通信口处	在高铁南站人行道扶梯控制器通信口以内为扶梯专业负责,以外为BAS专业负责	通信接口RS-485
防淹门	在防淹门控制器的通信接口上	在防淹门控制器的通信接口以内为工务专业负责,以外为BAS专业负责	通信接口RS-485

4.5 人机界面

4.5.1 画面介绍

BAS 系统 HMI 界面包括大系统图、小系统图、隧道通风系统图、PLC 通信状态、电扶梯系统图、冷水系统图、照明系统图、给排水系统图、模式表、时间表、多联体空调系统图等,可以通过环控系统菜单下的导航栏选择,如图 4.6 所示。

图 4.6 BAS 系统 HMI 界面导航栏

表 4.2 罗列了环控系统所包含的子系统,并详细列出了各子系统所包含的监控设备。

表 4.2 BAS 系统所包含的子系统

	包含子系统	显示内容
环控系统	大系统	组合式空调机组、各类风机、各类风阀等
	小系统	空调机组、各类风机、各类风阀等
	隧道通风系统	各类风机、组合风阀、电量调节阀等
	PLC 通信状态	主机、备机各端口状态
	电扶梯系统	升降电梯/自动扶梯

续表

包含子系统	显示内容
冷水系统	空调机组、二通阀、空调水系统、群控系统
照明系统	广告照明、标志照明、区间照明、区间疏散指示灯
EPS系统	站台、站厅AB端EPS状态
给排水系统	车站/区间雨水泵、污水泵、排水泵、废水泵、消防蝶阀等
模式表	隧道系统、大系统、小系统当前控制状态、当前模式号、当前模式名称;每一个模式对应的系统里面各个设备的预期状态、实际状态;可以下发全站设备的控制方式是模控或者单控
时间表	当前时间表是PLC里面的已经保存在PLC寄存器里面的时间表;3个时间表的模板分别是工作日时间表模板、节假日时间表模板、特殊日时间表模板,可以在这3个模板里面对时间表进行编辑、保存,还可以下发到PLC寄存器里面
传感器	各位置温湿度传感器、二氧化碳传感器
多联体空调	室外机及各房间对应的室内机及其数量

环控系统

4.5.2 监控对象

BAS系统监控对象及其状态如表4.3所示。

表4.3 BAS系统监控对象及其状态图标表

序号	监控对象	监控状态	显示画面
1	区间事故风机、车站排热风机、车站回排风机、小新风机、送风机、排风机	运行	 (绿色)
		停止	 (浅灰色)
		通信故障	 (洋红色)
		故障	 (红色)

续表

序号	监控对象	监控状态	显示画面
2	组合式空调机组、空调机组	运行	（绿色）
		停止	（浅灰色）
		通信故障	（洋红色）
		故障	（红色）
3	电动组合风阀	运行	（绿色）
		停止	（浅灰色）
		通信故障	（洋红色）
		故障	（红色）
		未定义状态	（深灰色）
4	电动两档风量调节阀	开启状态	（绿色）
		关闭状态	（浅灰色）
		通信故障	（洋红色）
		故障	（红色）
		未定义状态	（深灰色）

续表

序号	监控对象	监控状态	显示画面
5	电动三挡风量调节阀	开启状态	(绿色)
		小开状态	(绿色)
		关闭状态	(浅灰色)
		通信故障	(洋红色)
		故障	(红色)
		未定义状态	(深灰色)
6	消防水管电动蝶阀	开启状态	(绿色)
		关闭状态	(浅灰色)
		通信故障	(洋红色)
		故障	(红色)
		未定义状态	(浅灰色)
7	电动二通阀	正常状态	(蓝色)
		故障	(红色)

续表

序号	监控对象	监控状态	显示画面
8	电动防烟防火阀	开启状态	（绿色）
		关闭状态	（浅灰色）
		通信故障	（洋红色）
		故障	（红色）
9	雨水泵、局部排水泵、污水泵	运行状态	（绿色）
		停止状态	（浅灰色）
		故障	（红色）
		通信故障	（洋红色）
10	地面厅照明回路、照明回路、区间疏散指示照明回路、应急照明	开启	（绿色）
		关闭	（浅灰色）
		故障	（红色）

续表

序号	监控对象	监控状态	显示画面
11	扶梯	运行状态	（绿色）
		停止状态	（浅灰色）
		通信故障	（洋红色）
		故障	（红色）
12	电梯	运行状态	（绿色）
		停止状态	（浅灰色）
		通信故障	（洋红色）
		故障	（红色）
13	电子净化装置	运行状态	（绿色）
		停止状态	（浅灰色）
		故障	（红色）

续表

序号	监控对象	监控状态	显示画面
14	室内机	运行状态	（绿色）
		停止状态	（深灰色）
		故障	（红色）

4.5.3 人机界面功能

1. 中央级 BAS 功能

中央级 BAS 操作步骤：

① 操作员打开电脑后，左键双击或右击桌面上的软件，进入登录界面。

② 进入登录界面后，在最上方的车站标题中选择需要登录的站名，选中后的站名（灰）会变绿（绿），选中【控制中心】栏。

③ 登录之后，在系统标题栏中选择"环控系统"（BAS 系统），主要包括设备列表、模式表、时间表，如图 4.7 所示。从中心的设备列表栏可以监控所有车站的主要设备的状态。

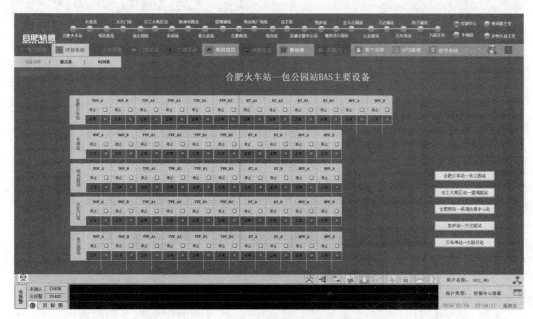

图 4.7 中央级 BAS 系统人机界面

④ 选中模式表栏,可以对所有车站的模式进行控制,如图 4.8 所示,在系统控制方式下方可以选择所需控制的车站,然后对选中车站进行相应的控制。

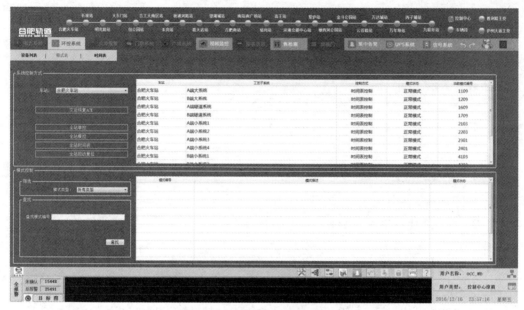

图 4.8 中央级 BAS 系统模式表界面

⑤ 选中时间表,可以对车站的时间表进行编辑和下发,如图 4.9 所示。

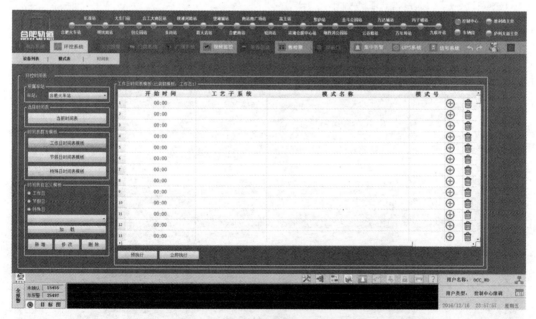

图 4.9 中央级 BAS 系统时间表界面

2. 车站级 BAS 功能

车站 BAS 执行中央级制定的运行方案,接收中央级的时间表指令和阻塞模式启动指令,并将时间表和阻塞模式下发给 BAS PLC 控制器。同时,车站 BAS 完成对设备的日常管理和调度，在正常运营时，BAS 设备的控制、挂牌的下发等权限全部保留在中心，车站机电值班操作员可以根据 OCC 环调要求或实际需要对设备进行监控管理。

车站 BAS 接收车站 ISCS 的对时信号，车站 ISCS 的 FEP 通过接口协议（Modbus TCP/IP）与 BAS PLC 控制器对时。ISCS 将通过写寄存器的方式向 BAS 提供时钟同步信号，BAS 通过嵌入 Modbus 协议中的时间信息与 ISCS 进行时间同步。

3. IBP 盘 BAS 功能

IBP 盘 BAS 功能为实现阻塞情况下的车站阻塞模式控制。

ISCS 为 IBP 盘 BAS 阻塞模式提供一个切换开关，该开关的状态返信给 BAS 系统；当切换开关为开启状态时，BAS 进入 IBP 盘阻塞模式控制状态，仅接收 IBP 盘的阻塞模式控制。进入 IBP 盘控制模式后，BAS 不接收 ISCS 的控制指令，ISCS 接收 BAS 阻塞模式执行的反馈信息，并在 HMI 实时显示各站 BAS 设备的运行状态。

ISCS 为每个阻塞模式控制提供 1 个按钮，可向 BAS 激活阻塞模式，实现阻塞模式控制，BAS 将通过硬接点接口接收指令，经过冲突及控制优先级检查之后执行相应的命令，完成阻塞模式控制。

ISCS 在 IBP 盘提供指示灯表示阻塞模式的运行状态；BAS 通过硬接点接口完成阻塞模式状态的反馈。

4.5.4 基本操作

HMI 画面必须要在液晶显示器上全屏显示。为此可以将 HMI 界面分为 4 部分，分别是：选站栏、导航栏、用户显示区、底部栏。系统启动后，选站区、导航栏和底部栏会自动加载，并且在屏幕的固定区域显示，用户不能移动或者关闭这些窗口。用户显示区是除了导航栏和底部栏这些固定窗口以外的部分，不会被固定窗口覆盖，用户打开的 HMI 画面可以在这个区域显示。HMI 整体布置如图 4.10 所示。

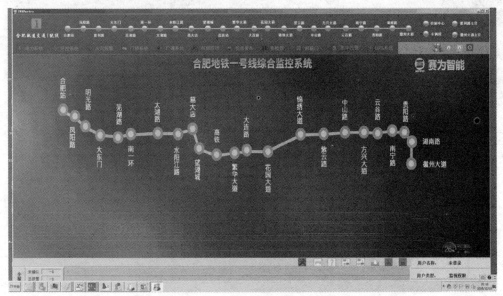

图 4.10　BAS 系统 HMI 整体布置

操作员可以利用选站区和导航栏完成全线画面的导航。选站区以及导航栏如图4.11所示。

图 4.11　选站区导航栏

用户可以利用选站区导航栏的系统选择栏提供的按钮调用需要显示的 HMI 画面。

综合监控系统 HMI 的导航流程基本原则是：中心操作员在 OCC 选择时，可以对全线进行操作；而车站操作员在车站选择时，只能对本站进行操作。

下面以进入大系统画面为例，描述操作步骤：

① 在控制中心工作站上运行组态软件，用用户名登录。

② 在导航栏的车站选择栏上，选择站名。

③ 在导航栏的系统选择栏上点击【环控】后，导航栏上将出现环控系统的功能选择栏，如图 4.11 所示。

④ 在功能选择栏上点击【大系统】按钮后，在用户显示区将显示用户选择的大系统画面，如图 4.12 所示。

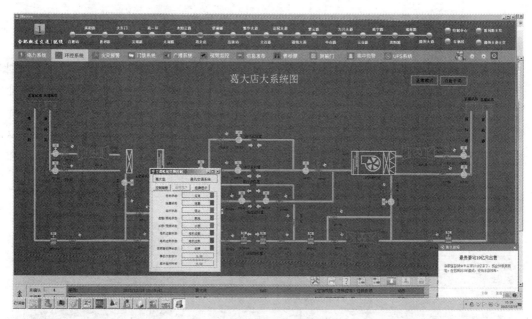

图 4.12　大系统画面图

4.6 BAS 系统监控内容

4.6.1 BAS 对通风空调系统监控

1. 控制方式

BAS 系统对通风、空调系统的监控主要体现对区间隧道通风系统、车站公共区通风空调系统、设备及管理用房通风空调系统、空调水系统的监视和控制。其控制方式为：中心级控制方式、车站级控制方式。

2. 监控内容

（1）对区间隧道通风系统的监控

① 监控对象主要包括区间风机、车站送排风机（兼区间风机）、隧道射流风机、相关风阀和防火阀。

② 对区间隧道通风系统进行中央级、车站级控制。中央级下达运行模式指令到车站级，由车站级实现对区间隧道通风系统设备的模式控制，控制操作以中央级为主。

（2）对车站公共区通风、空调系统的监控

① 车站公共区暖通空调系统（简称大系统）的监控对象包括车站送/排风机、大型表冷器、相关风阀的工作状态。

② 如车站公共区发生火灾时，车站大系统火灾模式立即启动：当站台层发生火灾时，站台排烟系统和车站隧道通风系统进行排烟，同时站厅内送风；当站厅层发生火灾时，站厅排烟系统进行排烟，同时站台内送风。

③ 风路管道：绿色（较深）箭头表示送风方向，蓝色（较浅）方向表示排风方向，如图 4.13 所示。

（3）对设备及管理用房通风、空调系统的监控

① 车站设备管理用房通风、空调系统（简称小系统）的监控对象包括车站送/排风机空调机组、后备空调系统、排烟机、相关风阀等。

② 当车站设备管理用房发生火灾时，对应区的小系统立即转入到设定的火灾模式运行，排除烟气或隔断火源和烟气。

（4）对空调水系统的监控

① 通过通信系统将空调水系统设备状态和温度、压力、流量等参数传给 BAS，表冷器、空调机组处的电动阀门等设备由 BAS 进行监控。

② 水路管道：绿色（较深）箭头表示进水，蓝色（较浅）箭头表示冷水。

（5）监控示例

① BAS 可对风阀的工作状态进行监视和控制：监视风阀的运行状态、对阀门的开度进行设定等。

如列车因故障或其他原因在区间停留，为保证空气流通，BAS 会启动阻塞模式，根据预

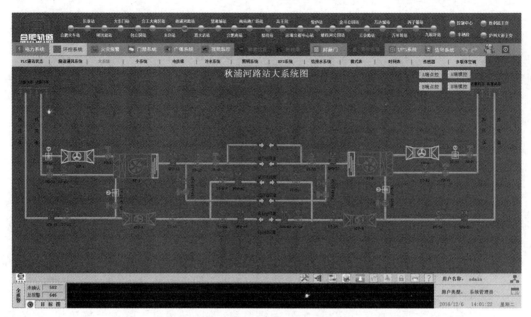

图 4.13 车站公共区通风空调系统图

期设定的状态控制相应风阀的开启或关闭。

② BAS 可对风机的工作状态进行监视和控制:监视风机的工作状态(正转/反转/停止)、对风机转速进行设定。尤其是火灾发生后,根据火灾发生地点,调定风机运行方向以便维持车站或区间的通风。

③ BAS 可对通风模式进行监视和控制:监视是否已执行设定的通风模式,若未执行,则通过 BAS 操作界面点击"模式启动"按钮,启动相应的通风模式。

④ 通过设置传感器检测温度、二氧化碳浓度,进而控制整个车站的候车环境。

4.6.2 BAS 对给排水系统监控

1. BAS 对给排水系统的监控对象

BAS 对给排水系统的监控对象包括废水泵、污水泵、雨水泵、区间排水泵、电动阀门、电伴热(包括消防管电伴热)等。

2. BAS 对给排水系统的监控内容

① 污水泵设就地自动控制(自动开停,高报警水位两台泵同时开,低报警水位停泵)、手动控制、综控室 BAS 远程控制 3 种控制方式。

② 废水泵、雨水泵、区间排水泵、集水坑潜水泵的监控内容包括:

a. 监视废水泵、雨水泵、区间排水泵的工作状态、水池水泵的启泵和停泵水位,以及水位报警显示。

b. 根据水位显示控制主/备泵启动、停止(必要时同时启动)。

③ 其他:监视生活水管和消防水管的管网压力、电伴热设备的工作状态等。

4.6.3 BAS 对自动扶梯、电梯系统监控

1. BAS 对自动扶梯、电梯系统的监控对象

BAS 对自动扶梯、电梯系统的监控对象包括站台—站厅电梯系统设备、出入口电梯系统设备。

2. BAS 对自动扶梯、电梯系统的监控内容

BAS 对自动扶梯、电梯系统的监控方式为只监不控。

① 监视自动扶梯的运行状态,如上行、下行、停止或维修等状态。如遇故障、急停,BAS 会有音频、文字报警显示。

② 监视电梯的运行状态,如启动、关闭或维修等状态。如遇故障、乘客报警时,监视界面显示报警信息。

4.6.4 BAS 对照明系统监控

1. 照明系统的监控对象

照明系统的监控对象包括公共区照明、广告照明、区间照明、应急照明电源、疏散指示灯等。

2. BAS 对照明和乘客导向系统的监控内容

① BAS 可监视公共区照明、广告照明、区间照明、应急照明电源、疏散指示灯的分合状态、照明用电量检测及故障报警等相关状态信息。

② BAS 可实现对公共区照明、广告照明、区间照明、应急照明电源、疏散指示灯的照明开关设备的分合控制。

习 题

1. 环境与设备监控系统(BAS)的概念是什么?
2. BAS 系统的作用是什么?
3. BAS 系统的监控对象是什么?
4. 简述中央级 BAS 系统组成及功能。
5. 简述车站级 BAS 系统组成及功能。
6. BAS 系统常用的传感器有哪些?
7. 与 BAS 系统存在接口的专业有哪些?
8. BAS 系统 HMI 界面一般包括哪些?
9. IBP 盘的 BAS 功能是什么?
10. BAS 对通风空调系统监控的控制方式有哪几种?

第 5 章 城市轨道交通 FAS 子系统

5.1 FAS 系统的基本介绍

火灾自动报警系统(fire alarm system,FAS)作为地铁的安全保障系统,对地铁车站、区间隧道、车辆段、控制中心大楼等与地铁运营有关建筑和设施的火灾进行可靠监视及报警,用以及早发现灾情并发出指令,启动或关闭相关联动设备进行救灾。同时通过广播及闭路电视监视系统组织人员疏散,避免或减少火灾造成的人员和财物损失。

火灾自动报警系统采用可靠性高,组网灵活,扩展方便,智能化程度高,便于调试、维护和管理、布线简便的设备,实现"安全适用、技术先进、经济合理"的目标。

1. FAS 系统的组成

FAS 系统按两级管理模式,中心、车站、就地三级控制方式,第一级为中央级,作为 FAS 系统集中监控中心,设置于控制中心中央控制室,由环调监控全线;第二级为车站级,作为本地 FAS 系统控制室,设置于各车站控制室、车辆段、停车场。

各车站的车站控制室、车辆段消防控制室、停车场消防控制室均能够对其所管辖范围的火灾,独立地进行消防监控管理。

2. FAS 系统的功能

(1) 中央控制室

中央控制室内的全线 FAS 控制中心(下面简称控制中心或 OCC)为全线火灾报警系统的控制、管理和指挥中心,主要负责监视全线各车站、车辆段的火灾报警、设备故障报警、网络的故障报警等,并显示报警部位、防灾设备的运行状态及气体灭火系统的有关信号。

(2) 车站级

车站级 FAS 系统对其所辖范围内及相邻主变电所等,独立执行消防监控和管理,并显示工作状态,同时可接收控制中心的管理,执行中心下达的控制指令。车站级图形监控计算机不是全线报警网络的一个节点,它的故障不对全线报警网络及车站级报警回路造成影响。主要功能与全线图形监控主机相同,但只能查看本站信息。

3. IG541 系统简介

20 世纪中叶,气体灭火系统开始发展。60 年代开始出现卤代烷灭火剂(卤代烃的一系列产品)。70 年代末期我国开始开发相应产品,1211 和 1301 灭火系统开始广泛使用。

(1) IG541 灭火剂组成

IG541 灭火剂由 52%N_2、40% Ar 和 8% CO_2 的混合气体组成,灭火机理以窒息灭火为主。系统主要参数见表5.1。

表 5.1 系统主要参数

工作压力	使用环境温度(℃)	0~50		
	公称工作压力(20 ℃时)(MPa)	15.0		
	最大工作压力(50 ℃时)(MPa)	17.2		
灭火剂储瓶公称容积(L)		70	80	90
灭火剂储瓶公称充装量(1 atm,20 ℃)(kg)		14.8	17.0	19.0
灭火系统电磁瓶头阀工作电压(V)		DC24±3		
系统启动方式		电气自动、电气手动、机械应急手动		
启动气体充装压力(20 ℃)时(MPa)		6.0		
启动气体最大工作压力(50 ℃)时(MPa)		6.0		

(2) IG541自动灭火系统基本性能

① 物理特性。无色、无味、不导电、无二次污染、中压液化、中压储存,液体密度为1.4 kg/L,能制冷。

② 环境特性。不含溴和氯,不破坏臭氧层(ODP=0)。

③ 安全性。比卤代烷毒性低,NOAEL值为9%,LOAEL值为10.5%。灭火浓度在5%~6%之间,设计浓度一般不超过9%。

④ 适用性。可燃固体表面火灾;可燃液体或可熔固体火灾;可燃气体火灾;带电设备火灾。

⑤ 不适用性。不适用于氧化剂、活泼金属、金属氰化物,以及能自行分解的物质。

(3) IG541自动灭火系统管网组成

IG541灭火系统由火灾报警灭火控制系统、灭火剂储瓶、启动气体储瓶、瓶头阀、安全阀、电磁瓶头阀、选择阀、单向阀、压力开关、减压装置、框架、喷嘴、管道系统等主要部件组成,设有自动、电气手动和机械应急手动三种控制方式,具有功能完善、工作准确可靠、密封性能好、灭火效果良好等特点。该系统根据使用要求,可组成单元独立系统、组合分配系统和无管网装置等多种形式,实施对单区和多区的消防保护。主要适用于计算机房、通信机房、控制室、贵重设备室、文物资料珍藏库、图书馆和档案库、博物馆、数据存储间、发电机房、配电室、泵房、包装仓库、纸制品库、电视转播室、播音室、研究实验室、室内油库等场所的消防保护,如图5.1所示。

① 气瓶。储气瓶平时用来储存IG541,按设计要求充装IG541;启动瓶出来储存氮气,按设计要求充装增压氮气。总体钢瓶为锰钢,瓶内作防锈处理,如图5.2所示。

② 瓶头阀。安装在IG541储瓶瓶口,由瓶头阀本体、开启膜片、启动活塞、充装接嘴、压力表接嘴等组成。具有封存、释放、充装等功能,如图5.3所示。

③ 电磁启动器。由顶部有手动启动孔的电磁铁、释放机构、作动机构组成。安装在启动瓶瓶头阀上,按灭火指令通电启动,打开释放阀(选择阀)及瓶头阀,释放IG541气体实施灭火,如图5.4所示。

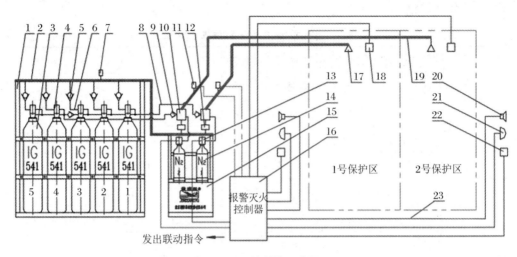

图 5.1　系统结构示意图

1.灭火剂储瓶框架；2.集流管；3.灭火剂储瓶；4.瓶头阀；5.液流单向阀；6.金属软管（连接管）；7.安全阀；8.启动管路；9.气流单向阀；10.选择阀；11.压力开关；12.减压装置；13.电磁型驱动装置；14.驱动气体瓶；15.驱动气体瓶框架；16.报警灭火控制器；17.喷嘴；18.火灾探测器；19.灭火剂输送管路；20.声光报警器；21.放气指示灯；22.手动控制盒；23.电气控制线路

图 5.2　储气瓶

图 5.3　瓶头阀

图 5.4　电磁启动器

④ 选择阀（释放阀）。当灭火系统为组合分配时，设置选择阀，对应每个保护区各设一个，安装在 IG541 储瓶出流的汇流管上，引导 IG541 喷入需要灭火的保护区。由阀本体和驱动气缸组成，如图 5.5 所示。

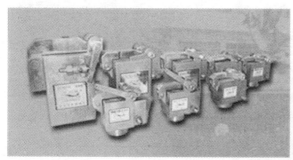 

图 5.5　选择阀（释放阀）

⑤ IG541 单向阀。安装在 IG541 储瓶出流的汇流管上，防止 IG541 从汇流管向储瓶倒流。由阀体、阀芯、弹簧等组成。

⑥ 高压软管。用于瓶头阀与 IG541 单向阀之间的连接，形成柔性结构，适于瓶体称重检测和便于安装。结构：夹层中缠绕不锈钢螺旋钢丝，内外衬夹布橡胶衬套，如图 5.6 所示。

图 5.6　高压软管

⑦ 气体单向阀。用于组合分配的系统启动管路上，控制的那些 IG541 瓶头阀应打开，另外的不应打开。由阀体、阀芯和弹簧组成。

⑧ 安全阀。由阀体及安全膜片组成，泄压动作压力为 (6.8 ± 0.4) MPa。

⑨ 压力开关。由阀体、活塞及微动开关等组成,安装在选择阀的出口部位,当选择阀开启释放气体时,压力开关动作送出工作信号给灭火控制系统。

⑩ 喷头。安装在防护区内,用于向防护区均匀喷射 IG541 气体。

5.2 FAS 系统与各专业接口

① FAS(火灾报警系统)与 ISCS(综合监控系统)接口,如图 5.7 所示。

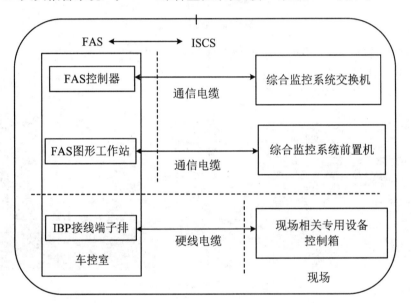

图 5.7 与 ISCS 系统接口示意图

与 ISCS 系统接口如表 5.2 所示。

表 5.2 与 ISCS 系统接口表

接口专业	位置	FAS	ISCS	接口类型	专业范围
FAS 主机综合监控交换机	FAS 控制器通信接口处	1. 向 ISCS 上传本站点 FAS 相关信息。 2. 进行火灾的探测、确认及报警,并向 ISCS 发送相应的火灾模式指令,联动综合监控按既定的原则执行火灾运行模式。 3. 接收 ISCS 下发的模式执行信息	1. 在综合监控人机界面上实现对本站点 FAS 相关信息的监视。 2. 接收 FAS 发送来的火灾模式信息,按既定的原则执行火灾运行模式,实现关联设备的运行。 3. 向 FAS 发送模式执行信息。 4. 进行故障报警及处理	通信接口	负责提供主机内接口接线端子

续表

接口专业	位置	FAS	ISCS	接口类型	专业范围
GCC与综合监控系统前置交换机	FAS图形工作站通信接口处	接收ISCS的时钟对时信号,完成FAS系统内的设备对时	按双方约定的协议发出时钟对时信号	通信接口	提供FAS图形工作站内接口接线端子
IBP盘与现场设备	在各车站控制室IBP接线端子外侧	通过IBP盘上的紧急按钮,对消防专用的设备实现紧急手动控制	发出手动紧急控制指令,接收被控设备动作反馈信号,并显示设备运行状态	硬线接口	负责IBP盘至设备现场控制箱的控制电缆

② FAS(火灾报警系统)与BAS(环境与设备监控系统)接口,如图5.8所示。

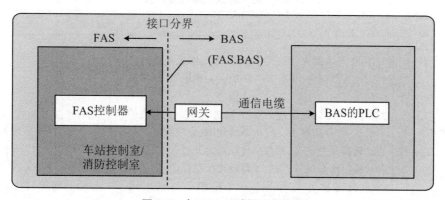

图5.8 与BAS系统接口示意图

与BAS系统接口如表5.3所示。

表5.3 与BAS系统接口表

接口专业	位置	FAS	BAS	接口类型	专业范围
FAS控制器与BAS的PLC	在车站控制室及车辆段/停车场消防控制室内FAS主机处	1. 向BAS发送预先确定的火灾模式指令。 2. 接收BAS反馈的模式执行成功状态信息	1. 接收FAS发送来预先确定的火灾模式信息,按既定原则执行火灾运行模式。 2. 向FAS反馈模式执行成功状态信息。 3. 进行接口的通信检测	通信接口	负责提供FAS主机内的RS-485端口

③ FAS与气体灭火系统接口(内部接口),如图5.9所示。

各接口表如表5.4~表5.22所示。

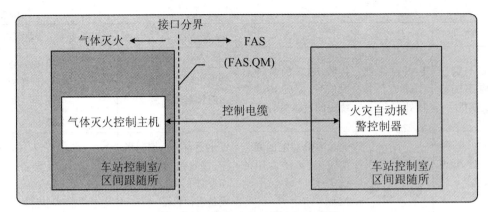

图 5.9 与气体灭火系统接口示意图

表 5.4 与气体灭火系统接口表

位置	FAS	气体灭火系统	接口类型	专业范围
在气体灭火控制主机的接线端子处	1. 接收气体灭火系统提供的火灾预报警、报警确认信号。 2. 接收气体灭火系统的系统故障、介质释放、手/自动转换开关状态、紧急释放按钮动作信号、紧急停止按钮动作信号等信号。 3. 接收气体灭火系统设备的所有状态信息	1. 发送气体灭火系统提供的火灾预报警、报警确认信号。 2. 发送气体灭火系统的系统故障、介质释放、手/自动转换开关状态、紧急释放按钮动作信号、紧急停止按钮动作信号等信号。 3. 发送气体灭火系统设备的所有状态信息	通信接口	FAS 负责火灾报警控制器至气体灭火主机接线端子处的控制电缆

表 5.5 与防火阀(70 ℃防烟防火阀/280 ℃排烟防火阀)接口表

位置	FAS	防火阀	接口类型	专业范围
在 70 ℃防烟防火阀/280 ℃排烟防火阀执行器的输出端子排上	接收防火阀的关闭状态信号	向 FAS 提供防火阀的关闭状态动合触点硬线信号	硬线接口	负责 FAS 模块箱到执行器输出端子排的硬线控制电缆

表 5.6 与电动风量调节阀接口表

位置	FAS	电动风量调节阀	接口类型	专业范围
在电动风量调节阀手操箱的输出端子排上	向电动风量调节阀发出开启/关闭控制信号,并接收排烟口的开启/关闭、就地/远程状态信号	接收 FAS 发来的开启/关闭控制信号,实现对电动风量调节阀的开启/关闭动作,并返回电动风量调节阀的开启/关闭,并提供电动风量调节阀就地/远程状态信号	硬线接口	负责 FAS 模块箱至电动风量调节阀手操箱的控制电缆

表 5.7 与 AFC 接口表

位置	FAS	AFC	接口类型	专业范围
AFC 机房内紧急按钮控制盒的接线端子上	FAS 向 AFC 发送确认的火灾报警信号,由 AFC 执行紧急模式,并向 FAS 返回模式执行信息	AFC 接收 FAS 发送的确认的火灾报警信号,AFC 执行紧急模式,并向 FAS 返回模式执行信息	硬线接口	负责模块箱至 AFC 机房内紧急按钮控制盒的接线端子排的控制电缆

表 5.8 与消防水系统接口表

接口专业	位置	FAS	消防水系统	FAS 专业范围
消防泵控制柜	在消防泵控制箱的接线端子排上	1. 接收消防泵相关运行状态信号。2. 向消防泵控制箱发出启/停控制信号	1. 向 FAS 提供消防泵的运行状态动合触点硬线信号。2. 接收 FAS 发来的启/停控制信号,实现对消防水泵的启/停	负责 FAS 模块箱至消防泵控制箱的控制电缆
喷淋泵控制柜	在喷淋泵控制箱的接线端子排上	1. 接收喷淋泵相关运行状态信号。2. 向喷淋泵控制箱发出启/停控制信号	1. 向 FAS 提供喷淋泵的运行状态动合触点硬线信号。2. 接收 FAS 发来的启/停控制信号,实现对喷淋泵的启/停	负责 FAS 模块箱至喷淋泵控制箱的控制电缆
稳压泵控制柜	在稳压泵控制箱的接线端子排上	接收稳压泵相关运行状态信号	向 FAS 提供稳压泵的运行状态动合触点硬线信号	负责 FAS 模块箱至稳压泵控制箱的控制电缆

续表

接口专业	位置	FAS	消防水系统	FAS专业范围
消防泵控制柜	在消防泵控制箱的接线端子排上	1. 通过IBP盘向消防泵控制箱发出紧急手动控制信号。 2. 接收消防泵控制箱发出的运行状态反馈信号	1. 接收通过IBP盘发来的手动启/停控制信号，实现对消防泵的紧急手动启/停。 2. 向IBP盘反馈消防泵的运行状态动合触点硬线信号	负责IBP盘按钮至消防泵控制箱的控制电缆
喷淋泵控制柜	在喷淋泵控制箱的接线端子排上	1. 通过IBP盘向喷淋泵控制箱发出紧急手动控制信号。 2. 接收喷淋泵控制箱发出的运行状态反馈信号	1. 接收通过IBP盘发来的手动启/停控制信号，实现对喷淋泵的紧急手动启/停。 2. 向IBP盘反馈喷淋泵的运行状态动合触点硬线信号	负责IBP盘按钮至喷淋泵控制箱的控制电缆
湿式报警阀、水流指示器、信号阀	在湿式报警阀（信号阀、压力开关）、水流指示器、信号阀的接线端子排上	接收湿式报警阀（信号阀、压力开关）、水流指示器、信号阀相关运行状态信号	向FAS提供湿式报警阀（信号阀、压力开关）、水流指示器、信号阀的运行状态信号	负责FAS模块箱至湿式报警阀（信号阀、压力开关）、水流指示器、信号阀的控制电缆

表5.9 与FAS、专用排烟风机和加压送风机（通风空调电控柜）接口表

接口专业	位置	FAS	专用排烟风机和加压送风机（通风空调电控柜）	接口类型	专业范围
专用排烟风机（通风空调电控柜）	专用排烟风机和加压送风机（通风空调电控柜）的二次接线端子上	1. 接收专用排烟风机和加压送风机（通风空调电控柜）相关运行状态信号。 2. 向专用排烟风机和加压送风机（通风空调电控柜）发出启/停控制信号	1. 向FAS提供专用排烟风机和加压送风机（通风空调电控柜）的运行状态动合触点硬线信号。 2. 接收FAS发来的启/停控制信号，实现对专用排烟风机和加压送风机（通风空调电控柜）的启/停控制	硬线接口	负责FAS模块箱至专用排烟风机和加压送风机（通风空调电控柜）的控制电缆

续表

接口专业	位置	FAS	专用排烟风机和加压送风机（通风空调电控柜）	接口类型	专业范围
专用排烟风机和加压送风机（通风空调电控柜）	专用排烟风机和加压送风机（通风空调电控柜）的二次接线端子上	1. 通过IBP盘向专用排烟风机和加压送风机（通风空调电控柜）发出紧急手动控制信号。 2. 接收专用排烟风机和加压送风机（通风空调电控柜）发出的运行状态反馈信号	1. 接收通过IBP盘发来的手动启/停控制信号，实现对专用排烟风机和加压送风机（通风空调电控柜）的紧急手动启/停控制。 2. 向IBP盘反馈专用排烟风机和加压送风机（通风空调电控柜）的运行状态动合触点硬线信号	硬线接口	负责IBP盘按钮至专用排烟风机和加压送风机（通风空调电控柜）的控制电缆

表5.10　与专用排烟风机和加压送风机（现场风机电控箱）接口表

接口专业	位置	FAS	专用排烟风机和加压送风机（现场风机电控箱）	专业范围
专用排烟风机和加压送风机（现场风机电控箱）	专用排烟风机和加压送风机（现场风机电控箱）的二次接线端子上	1. 接收专用排烟风机和加压送风机（现场风机电控箱）相关运行状态信号。 2. 向专用排烟风机和加压送风机（现场风机电控箱）发出启/停控制信号	1. 向FAS提供专用排烟风机和加压送风机（现场风机电控箱）的运行状态动合触点硬线信号。 2. 接收FAS发来的启/停控制信号，实现对专用排烟风机和加压送风机（现场风机电控箱）的启/停控制	负责FAS模块箱至专用排烟风机和加压送风机（现场风机电控箱）的控制电缆
专用排烟风机和加压送风机（现场风机电控箱）	专用排烟风机和加压送风机（现场风机电控箱）的二次接线端子上	1. 通过IBP盘向专用排烟风机和加压送风机（现场风机电控箱）发出紧急手动控制信号。 2. 接收专用排烟风机和加压送风机（现场风机电控箱）发出的运行状态反馈信号	1. 接收通过IBP盘发来的手动启/停控制信号，实现对专用排烟风机和加压送风机（现场风机电控箱）的紧急手动启/停控制。 2. 向IBP盘反馈专用排烟风机和加压送风机（现场风机电控箱）的运行状态动合触点硬线信号	负责IBP盘按钮至专用排烟风机和加压送风机（现场风机电控箱）的控制电缆

表 5.11　与防火卷帘门接口表

位置	FAS	防火卷帘门	接口类型	专业范围
在防火卷帘控制箱的接线端子上	1. 接收防火卷帘门相关运行状态信号。 2. 向防火卷帘门控制箱发出火警信号	1. 向 FAS 提供防火卷帘门的运行状态常开触点硬线信号。 2. 接收 FAS 发来的火警信号,实现对防火卷帘门的控制	硬线接口	负责 FAS 模块箱至防火卷帘控制箱的控制电缆

表 5.12　与 ACS 接口表

位置	FAS	ACS	接口类型	专业范围
车站综合监控设备室门禁系统主控制器的接线端子上	发送确认的火警信息,接收门禁系统动作信息	接收确认的火警信息,发送门禁系统动作信息	硬线接口	负责 FAS 模块箱至车站 ACS 主控制器接线端子的控制电缆
车辆段/停车场各单体门禁系统主控制器的接线端子上	发送确认的火警信息,接收门禁系统动作信息	接收确认的火警信息,发送门禁系统动作信息	硬线接口	负责 FAS 模块箱至车辆段/停车场各单体 ACS 主控制器接线端子的控制电缆

表 5.13　与电梯接口表

位置	FAS	电梯	接口类型	专业范围
在车站站厅层电梯(含出入口)井道	向电梯控制箱发出确认的火警信号和接收电梯归首反馈信号	1. 接收 FAS 发来的确认火警信号,电梯执行相关的归首联动。 2. 向 FAS 提供消防动作完成信息	硬线接口	在车站站厅层电梯 FAS 预留约 20 m 线缆
在车辆段顶层电梯井道内	向电梯控制箱发出确认的火警信号和接收电梯归首反馈信号	1. 接收 FAS 发来的确认火警信号,电梯执行相关的归首联动。 2. 向 FAS 提供消防动作完成信息	硬线接口	在车辆段顶层电梯井道内 FAS 预留约 20 m 线缆

表 5.14　与自动扶梯接口表

位置	FAS	自动扶梯	接口类型	专业范围
在自动扶梯上机房内	向扶梯(非疏散通道)控制箱发出确认的火警信号和接收扶梯(非疏散通道)联动反馈信号	1. 接收 FAS 发来的确认的火警信号,扶梯(非疏散通道)执行相关的联动。 2. 向 FAS 提供消防动作完成信息	硬线接口	负责 FAS 模块箱至自动扶梯上机房内的控制电缆
在自动扶梯上机房内	向扶梯(疏散通道)控制箱发出确认的火警信号	接收 FAS 发来的确认的火警信号	硬线接口	负责 FAS 模块箱至自动扶梯上机房内的控制电缆

表 5.15　与通信广播(车站)接口表

位置	FAS	PA	接口类型	专业范围
在车站通信设备室广播机柜接线端子外侧	向广播机柜发出确认的火警信号	接收 FAS 发来确认的火警信号执行相关的联动	硬线接口	负责 FAS 模块箱至广播机柜的控制电缆

表 5.16　与通信广播(车辆段)接口表

位置	FAS	PA	接口类型	专业范围
在车辆段、停车场信号楼通信设备室广播机柜接线端子外侧	向广播机柜发出确认的火警信号	接收 FAS 发来确认的火警信号执行相关的联动	硬线接口	负责 FAS 模块箱至广播机柜的控制电缆

表 5.17　与消防电源监控系统专业接口表

位置	消防电源监控系统	FAS	接口类型	专业范围
消防电源监控系统主机通信接口处	当消防电源发生综合故障报警时,发出报警信号上传给 FAS 系统	接收当消防电源发生综合故障报警时发出的报警信号信息	一路 RS-485 通信口与 FAS 主机进行通信,Modbus RTU 协议	负责 FAS 系统至消防电源监控系统主机之间的通信电缆

表 5.18 与电气火灾监控系统专业接口表

位置	电气火灾监控系统	FAS	接口类型	专业范围
电气火灾监控系统主机通信接口处	将电气火灾监控系统报警信号和故障信号按照配电柜号（1个配电柜提供1个漏电火灾报警信号和1个故障信号）上传给FAS系统	接收电气火灾监控系统上传的报警信号和故障信号	一路 RS-485 通信口与 FAS 主机进行通信，Modbus RTU 协议	负责 FAS 系统至电气火灾监控系统主机之间的通信线缆

表 5.19 感温光纤与综合监控系统表

位置	感温光纤	ISCS	接口类型	专业范围
在各车站控制室感温光纤主机接口处	向 ISCS 上传感温光纤主机的相关信息（火灾报警、故障）	接收感温光纤主机发送来的相关信息（火灾报警、故障）	每站两路互为冗余通信接口	负责提供感温光纤主机侧以太网口

表 5.20 与动力照明专业接口表

位置	FAS	动力照明	接口类型	专业范围
在车站、区间风井双电源切换箱馈出开关下口处	由动力照明按照 FAS 所需要求提供电源	为 FAS 提供所需电源	硬线接口	负责 FAS 主机至双电源切换箱馈出开关下口处的电缆

表 5.21 与气灭双电源切换箱接口表

位置	FAS	动力照明	接口类型	专业范围
在车站、区间风井双电源切换箱馈出开关下口处	由动力照明按照气灭所需要求提供电源	为 FAS 提供所需电源	硬线接口	负责气灭至双电源切换箱馈出开关下口之间电缆的维修管理

表 5.22 与 EPS 柜接口表

位置	FAS	动力照明	接口类型	专业范围
在车站 EPS 柜强启回路的二次接线端子排处	1. 接收 EPS 配电箱配电动作状态信号。2. 向 EPS 配电箱配电回路发出强启控制信号	1. 接收 FAS 发来的回路强启控制信号，实现强启控制。2. 向 FAS 提供 EPS 配电箱强启回路动作状态信号	硬线接口	负责 FAS 模块箱至 EPS 柜强启回路的二次接线端子排处的控制电缆

5.3 NFS-3030 火灾报警系统操作

5.3.1 系统界面介绍

1. 中央处理单元(CPU)

控制面板线路包含在一个印制板电路上,它包括中央处理单元(CPU)。下面是线路板上的各种连接、开关、跳线及 LED 示意图(图 5.10、图 5.11),通过它可以操作、编程和浏览。显示/键盘单元提供了一个易于使用的键盘和大屏幕 LED(液晶显示屏),使编程过程简单方便。

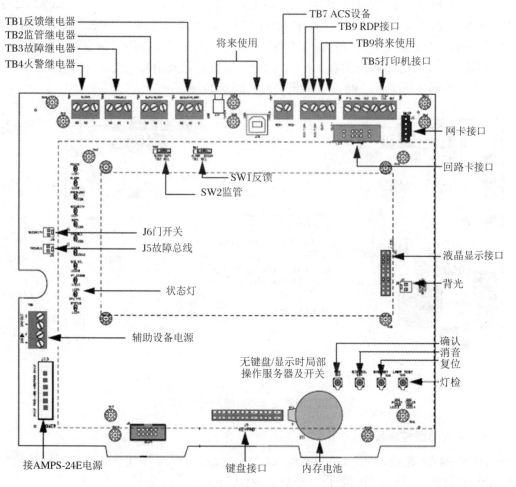

图 5.10 中央处理单元(CPU)示意图

图 5.11　操作面板示意图

2. 回路控制卡及回路扩展卡

NFS-3030 使用 LCM-320 回路主卡和 LEM-320 回路扩展卡。连接一个 LCM-320 提供一个 SLC 回路;将一个 LEM-320 连接到 LCM-320 上,将提供两个回路。最多 5 对回路卡可以安装在控制器上,提供最大 10 个 SLC 回路。回路卡支持环形和非环形回路布线。每个回路接 159 个智能探测器和 159 个智能模块(根据最新消防规范,每个回路接不能超过 98 个探测器和不能超过 98 个智能模块),如图 5.12 所示。

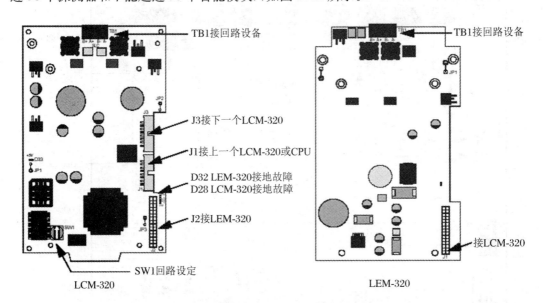

图 5.12　回路主卡和回路扩展卡示意图

3. 24 点总线控制按钮

ACM-24AT 包括 24 个红色状态灯、24 个黄色故障灯、24 个用于手动控制的按钮、一个系统故障灯、一个在线/电源灯、一个消音/确认按钮。

每一点的手动控制按钮均可编程对应系统中的任意一个控制模块,从而实现手动控制。当对应的模块动作时,红色状态灯点亮;故障时,黄色故障灯点亮,如图 5.13 所示。

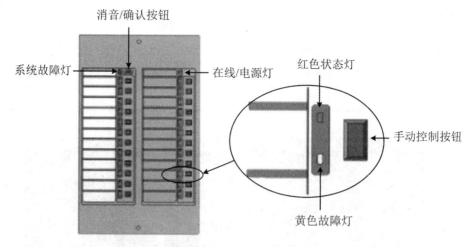

图 5.13　24 点总线控制按钮

4．POM-8C 多线输出控制卡

① 八组互相独立的多线制线路。
② 每组一路 24 V 手动控制输出和两路回信输入。
③ 每组三个 3 色 LED 灯，分别显示输出、输入线路的状态。
④ 线路开路、短路和接地故障自动检测。
⑤ 使能钥匙锁和灯检按钮。

5．电源

主电为 AMPS-24/AMPS-24E，它给系统提供 24 V 直流电源及电池充电器。辅助电源或电池充电器用于组成大的系统，如图 5.14 所示。

6．网络连接

通过网卡（NCM-W 或 MCM-F）使主机连接到 FAS 系统，如图 5.15 所示。

火灾报警控制器的典型配置如表 5.23 所示。

表 5.23　火灾报警控制器的典型配置

设备型号	数量	说明
CPU2-3030	1	NFS2-3030 主板，带显示器。若联网使用，也可选 CPU2-3030ND
LCM-320	5	回路控制卡，一个回路，加一块 LEM-320 可组成一对两个回路
LEM-320	5	回路扩展卡，不可单独使用
AMPS-24E	1	NFS2-3030 系统电源
N-CBE-W	1	联动组件
POM-8C-CAB	1	手动联动控制盘
NCM-W	1	双绞线网卡。若需光纤网卡，需定 NCM-F；若不联网，则不需要该卡
CHS-M3	1	安装支架，可安装 CPU2-3030、LCM-320、LEM-320、NCM-W/F
CHS-4L	1	安装支架，可安装 LCM-320、LEM-320、NCM-W/F 等

续表

设备型号	数量	说明
BMP-1	2	空位装饰板,机箱中每增加一块 ACS 设备可少配一块该装饰板
SCAB	1	立柜机箱
FM/BB1228T	2	12 V、28AH 电池

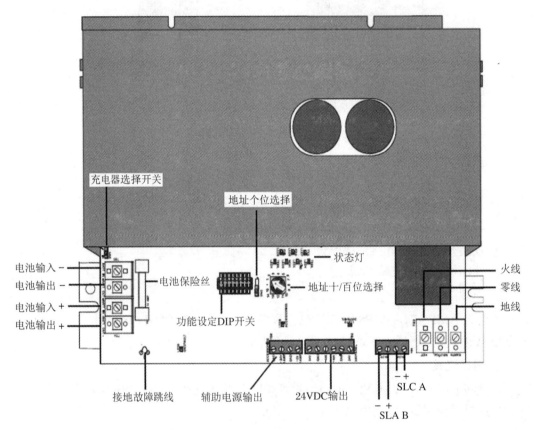

图 5.14　电源示意图

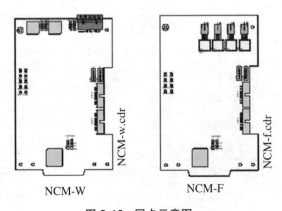

图 5.15　网卡示意图

5.3.2　FAS 系统操作

1. 火灾报警控制器(NFS2-3030)

NFS2-3030 是一个具有多种功能的智能火灾报警控制系统(控制器)。CPU2-3030 还可以配带一个显示/键盘选件,在控制器上,通过它可以编程和浏览。NFS2-3030 有两种基本配置选项,一种是在 NFS2-3030 系统上配有一个显示/键盘单元,通过它可以编程和浏览;另一种是在 NFS2-3030 系统上没有安装键盘/显示单元时,在电路板上有四个按钮,主要用于本地操作。

【ACK】:确认按钮。
【SIGSIL】:消音按钮。
【SYSRST】:系统复位按钮。
【LAMP TEST】:灯检按钮。

这些按钮主要是安装者使用,如果可能,操作员将利用一个远程告警器来实现这些功能。

电路板上的 LED 状态指示灯和显示/键盘单元上的一样。

2. 显示/键盘

显示/键盘单元提供了一个易于使用的键盘和大屏幕 LED(液晶显示屏),使编程过程简单方便,如图 5.16 所示。

图 5.16　显示/键盘

(1) 液晶显示屏

这个液晶显示屏每行有 20 个中文字符,共 8 行,可以显示所有的编程、事件、历史记录、器件等信息。用键盘可以输入或者改变信息,还可以执行命令。

(2) 键盘

键盘由几种类型的键组成:数字字符键、特殊功能键、软键、固定功能键。(注:按键功能描述写在键的下边。本地控制选项被关闭时,控制器上的信号消音、系统复位和演习等固定功能键或者信号消音、系统复位和确认软键都不能本地操作。如果需要实现这些功能,必须通过一个远程编程设备来完成。)

(3) 按键

键盘的数字字符键部分是标准 QWERTY 格式,当系统需要输入时,这些键起作用,其他情况下,按这些键不产生任何输入。

(4) 软键

在显示屏的左右两边共有 10 个软按键,这些按键可以执行显示在屏幕上的命令。每一屏幕有不同的信息,这些键的功能与屏幕上的显示内容对应。每一显示屏幕下面有各软键的功能描述。

(5) 固定功能键

在键盘/显示屏右边的 9 个红色按键是固定功能键,分别如下:

【确认】键:确认系统中发生的新事件。

【消音】键:按下这个键,可以关掉所有的可消音控制模块。当禁止消音定时启动时或者当一个水流指示类型的设备启动火警时,信号消音键不起作用。

【复位】键:按下这个键,可以清除所有被锁定的火警和其他一些事件,同时关掉 LED 灯。系统复位之后,如果火警或非正常事件存在,将再次启动系统音响,LED 灯重新点亮。未确认事件不能阻止复位。禁止消音定时器正在运行时,系统复位键将不起作用。系统复位键不能立即对动作的输出设备消音。如果系统复位后,输出设备的事件控制编程条件不适合了,这些输出将会取消(本地控制器典型为 30 s,网络机为 60 s)。

【演习】键:按下这个键并持续 2 s 后,可以激活所有的可消音输出线路。

【火警】键:滚动显示火警事件。

【反馈】键:滚动显示反馈事件。

【监管】键:滚动显示监管事件。

【故障】键:滚动显示故障事件。

【其他事件】键:滚动显示其他事件。

(6) 特殊功能键

QWERTY 标准键盘的右边是特殊功能键。

【箭头】键:按下这些箭头键,可以移动显示屏上的编程区域光标。

【回车】键:按下此键,可以移动显示屏上的编程区域光标使其换行。

【Esc】键:按下此键,可以退出当前区域,并且不保存输入。连续按两次可以取消在显示屏上的任何改变,并返回上级菜单。

【空格】键:在编辑状态下输入一个空格。

【屏蔽恢复】键:为扩展用,现在没有功能。

【打印屏幕】键:按下此键,打印显示屏上所显示的内容。

【灯检】键:按下此键,测试位于键盘区左边的 LED 状态指示灯、控制器电路 LED 灯,持续按下此键的时间超过 5 s,在显示屏上将显示软硬件的版本号。

【电池电量】键:长按该键可显示电池电量。

【上一选择】键:用此键可以在显示屏上的数据区域列表内进行滚动选择。

【下一选择】键:用此键可以在显示屏上的数据区域列表内进行滚动选择。

【F1】【F2】键:作为功能扩展,现在没有功能。

(7) LED 灯指示

有 10 个有标记的 LED 灯,排列于键区的左边。它们为告知某一事件而发出光指示。

LED 灯指示状态如表 5.24 所示。

表 5.24　LED 状态指示灯

LED 指示灯	颜色	功能
电源	绿色	点亮表明交流电源供电正常
火警	红色	当至少有一个火警存在时,灯亮;如果其中有一些火警未确认,它将不停地闪烁
预警	红色	当至少有一个预警存在时,灯亮;如果其中有一些预警未确认,它将不停地闪烁
反馈	蓝色	当至少有一个反馈存在时,灯亮;如果其中有一些反馈报警未确认,它将不停地闪烁
监视	黄色	当至少有一个监管事件存在时,灯亮;如果其中有一些监管事件未确认,它将不停地闪烁
系统故障	黄色	当至少有一个故障存在时,灯亮;如果其中有一些故障未确认,它将不停地闪烁
其他事件	黄色	除以上列出事件以外,还有事件存在时,如果事件未确认,它将不停地闪烁
信号消音	黄色	如果 NFS2-3030 的告警设备已经消音了,灯亮;如果仅一些,并非所有的告警器消音,灯将不停地闪烁
点屏蔽	黄色	当至少有一个设备被屏蔽时,灯亮;它会一直闪烁,直到所有的屏蔽点被确认
CPU 故障	黄色	当硬件或者软件工作状态非正常,影响到系统时,灯亮;当 LED 灯亮或者闪烁时,控制器不能正常工作

3. 信息格式

包括系统正常显示、设备事件、系统事件的显示格式。当没有非正常事件存在时,将显示系统正常信息及相应菜单。事件记录的信息显示在显示屏顶部,位于系统正常显示的位置。有两种基本的信息格式类型:点器件事件格式,主要内容是信号回路和控制器连接的器件状态的变化;系统事件格式,主要内容是系统错误和故障,详见图 5.17。

图 5.17　系统正常显示

(1) 点事件格式

当信号回路上或者控制器上连接的点器件的状态改变时,信息显示在 LED 液晶显示屏的顶部,显示软键的功能,通过它可以处理事件。显示屏顶部 4 行显示事件和点器件信息。事件记数显示在下面三行,当前时间和软键功能信息显示在事件记数之后。

第一行显示事件类型,如火警、故障、预警、确认和清除等;第二行显示用户位置标签和扩展标签;第三行显示主区标记和软件类型;第四行显示事件发生时间、日期和器件地址事件记数显示重要事件发生的次数;第五行的数字是当前时间。软键可以处理这些事件,详见图 5.18。

图 5.18 点事件显示

【确认】键:按下此键确认一个事件。如果此事件是火警,这个命令显示为"火警确认"。如果是其他类型的事件,它将显示"确认"。如果没有事件需要确认,此命令不显示。

【编程/改变状态】键:按下此键进入编程/改变状态屏,也可以从主菜单进入。

【更多信息】键:按下此键进入更多信息画面,如果没有非正常事件存在,此按键不显示。

(2) 更多信息

按下"更多信息"软键,在屏幕上显示四行事件的附加信息,详见图 5.19。

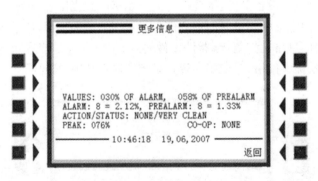

图 5.19 更多信息显示

① VALUES。030% OF ALARM :这个位置显示出了探测器的读数,此值与已经编好的报警阈值比较(报警阈值显示在下一行)。

058% OF PREALARM:这个位置显示出了探测器的读数,此值与已经编好的预警阈值比较(预警阈值显示在下一行)。

② ALARM 和 PREALARM。ALARM:8 = 2.12% ;6 是探测器编程时预设的报警级,值是 2.12%,表示每英尺透明度百分比。

PREALARM:8 = 1.33 ;8 为探测器编程时预设的预警级,值是 1.33%,表示每英尺透明度百分比。

③ ACTION/STATUS。NONE/VERY CLEAN：显示设备器件的维护状态。根据漂移补偿值显示这部分信息。探测器将自动补偿因环境污染和其他因素造成的灵敏度偏移，直到超过允许值。当达到允许值时，控制器发出一个故障信号。

4．操作菜单

主菜单(详见图 5.20)引导出不同的子菜单项(详见图 5.21)。通过键盘按键来选择不同的功能和菜单。利用键盘和特殊的功能键可以添加和输入修改区域信息。可通过键盘上的方向键来选择那些无软键对应的区域。按屏幕上的"返回"键将退回上一层菜单而不保存当前信息，按"接受"键将保存当前输入信息。可退至上一层菜单，也可根据屏幕上的相关说明执行其他功能。编程者通过"主菜单"可以进入事件记录显示、记录显示、编程/改变状态、读取状态及其他子菜单。

图 5.20　主菜单

图 5.21　主菜单的子菜单

5．控制器操作

控制器周期性地对事件进行巡检。事件是器件的状态变化、设备和控制器之间的信息传送或两个设备之间的信息传送。一些事件作为后台事件，用户是看不见的。操作者主要进行的是非正常事件。在某种条件下，一个非正常事件能表示出事件的行为和变化，需要操作人员注意。下面是非正常事件的例子：监视设备激活或状态改变，如探测器或模块；系统故障，如电池问题、设备监管问题。

没有非正常事件的时候，控制器显示系统正常屏幕。有一个非正常事件，控制器就将其显示出来。根据事件类型，显示有所不同。

5.4　FAS系统火灾操作方法

5.4.1　火灾报警控制器(NFS2-3030)

在 FAS 系统正常运行期间,操作盘有声报警,报警灯长亮,红色报警灯全亮,另有长响蜂鸣声,同时灯闪烁,为报火警,如图 5.22 所示。

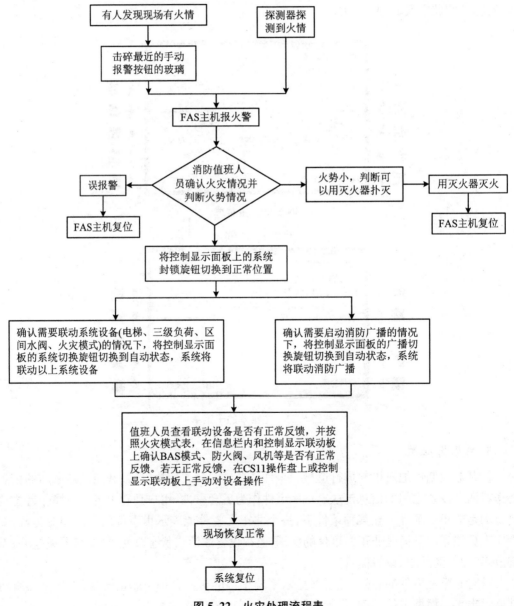

图 5.22　火灾处理流程表

5.4.2 气体灭火系统火警操作流程

① 气体自动灭火系统手/自动联动状态下的手动控制火灾处理流程,如图 5.23 所示。

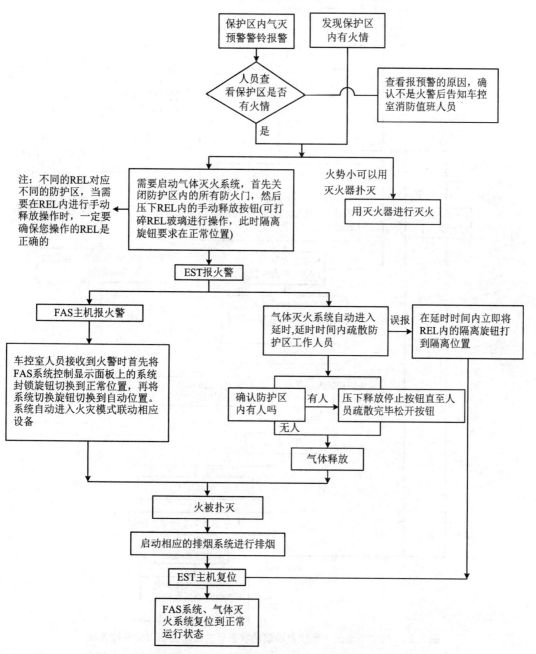

图 5.23 气体灭火系统手/自动联动状态下的手动控制火灾处理流程

② 气体自动灭火系统自动联动状态下的自动控制火灾处理流程,如图 5.24 所示。

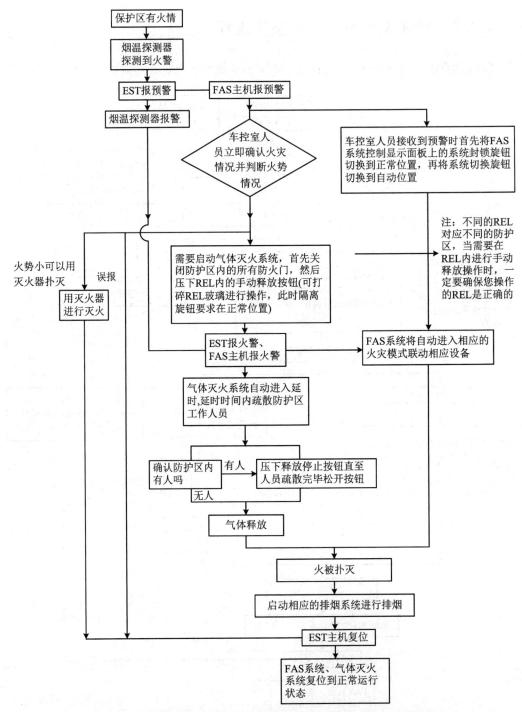

图 5.24 气体自动灭火系统自动联动状态下的自动控制火灾处理流程

③ 气体自动灭火系统手动联动状态下的自动控制火灾处理流程，如图 5.25 所示。

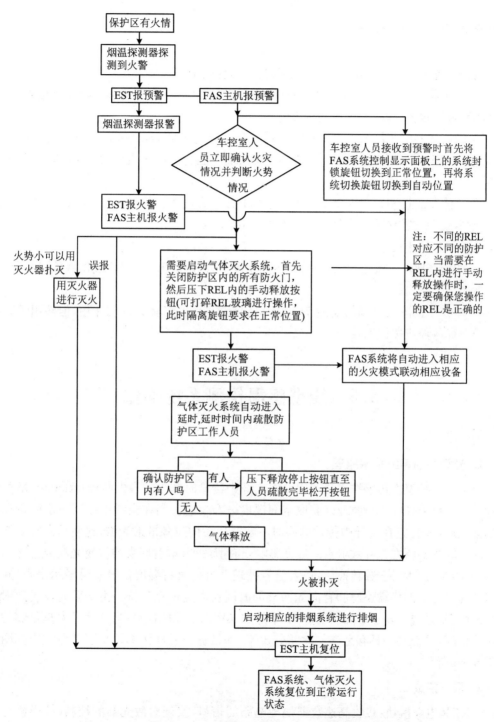

图 5.25 气体自动灭火系统手动联动状态下的自动控制火灾处理流程

5.4.3 警报装置

警报装置分别有探测器预警、确认报警、气体释放报警三种。

① 探测器预警。在每个防护区内有警铃,当防护区内一类探测器(烟或温)报警后,保护区内警铃会报警,提示现场可能有火情。

② 确认报警。在每个防护区内外分别安装了声光报警器,当防护区内有两类探测器(烟和温)报警后,系统确认火警,保护区内外的声光报警器发出警报声响,提示现场有火情。

③ 气体释放报警。在每个保护区门外侧上方装有气体释放指示灯,当气体释放时,灯自动点亮,提示防护区外人员气体正在释放,不能进入。

关于紧急停止按钮:

① 现场释放停止按钮,在延时时间内压下释放停止按钮可以阻止气体释放,松开后气体仍然能释放。

② 释放停止按钮,在系统延时时间内压下能起到阻止气体释放的作用,但超出延时时间后压下释放停止按钮无效。

5.5 线型感温探测系统操作

1. 光纤测温系统技术原理

分布式光纤温度传感技术是利用光在光纤中传输时产生的自发拉曼(Raman)散射信号和光时域反射(OTDR)原理来获取空间温度分布信息。当在光纤中注入一定能量和宽度的激光脉冲时,它在光纤中传输的同时不断产生后向拉曼散射光波,这些后向拉曼散射光波的强弱受到所在光纤散射点的温度影响而有所改变,散射回来的拉曼光波经过光学滤波、光电转换、放大、模-数转换后,送入信号处理系统便可将温度信号实时显示出来,并且根据光纤中光波的传输速度和背向光回波的时间对温度信息定位。由于后向拉曼散射光波非常微弱,系统需要非常高的增益、非常低的噪声水平才能检测;另外为了实现足够的空间定位精度,系统必须具有足够的时间分辨率,即带宽和采样频率。其原理和结构框图如下图 5.26 所示。

2. 系统组成

① 控制电路模块:接收高速数据处理电路的信号,实现对激光器的控制,使得激光器能够发出符合设计参数的激光信号。

② 激光模块:接收控制电路指令,实现按指标参数的激光脉冲输出。

a. 耦合模块:实现光路的耦合和分路。

b. 光路转换模块:实现光路的多级分路。

c. WDM 模块:实现 LD、WDM、Fi-APD、coupler 的封装连接及光路的波分复用、耦

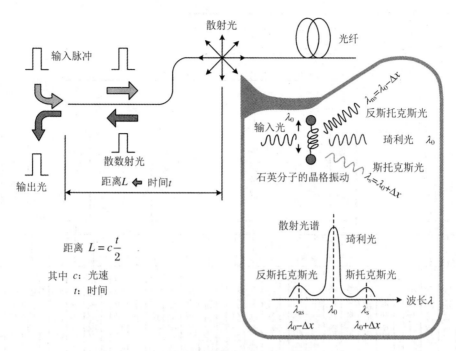

图 5.26　线型差定温火灾探测系统的原理示意

合、转换等功能。

　　d. 光电转换模块：实现光电转换。

　　e. 信号处理模块：实现信号的高增益、宽频带的放大和处理。

　　f. 高速数据处理模块：实现对检测数据的专家算法和卫星图像数据滤波、压缩和传输等处理，各种报警信号的判断和控制，数据的存储控制等。

　　g. 中央处理、管理模块：实现对数据的深化处理，对 I/O 接口来的各种指令、信息进行处理和管理，其中含有系统故障诊断电路子模块。

　　h. 触摸屏显示及操作模块：实现图文文件显示，各种人机对话操作。

　　i. 恒温控制模块：实现对重要元器件恒温控制。

　　j. 电源模块：提供给各电路模块的不同等级电压的供电。

　　k. 断电管理模块：实现断电后供电系统的各种管理。

　　l. 通信模块：实现串口、网口、USB 口、CRT 接口的管理、驱动、匹配和连接。

　　m. 继电器端子输出：实现按照分区原则和报警参数设置原则的管理、驱动、匹配和连接。

3. 软件系统结构

光纤感温火灾预警监测系统的结构如图 5.27 所示。

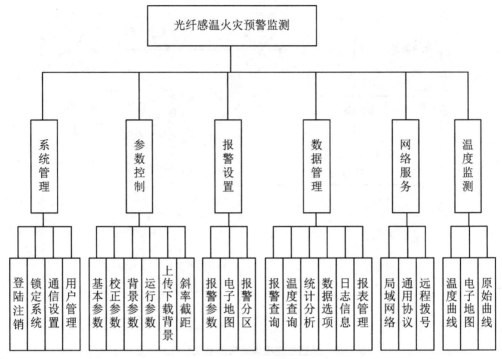

图 5.27 光纤感温火灾预警监测系统的结构

5.6 可恢复式缆式线型差定温火灾探测器

JTW-LCD-SX6229 可恢复式缆式线型差定温火灾探测器,是一种新型的具有差温和定温复合报警功能、可重复使用的探测器,其主要性能指标达到发达国家同类产品先进技术水平,执行标准 GB 16280—2005《线型感温火灾探测器》。

探测器采用继电器无源触点方式输出报警信号,可以和国内外任何种类的火灾报警控制器连接,构成火灾自动探测报警系统。开关量线型定温火灾探测器和目前的模拟量线型定温火灾探测器适用的场所它都能适用,尤其适用于大型电缆隧道、公路铁路地铁隧道、油类火灾、高举架大空间场所、内燃机车、船舰、大型野外变压器、飞机库等场所。

1. 产品组成

JTW-LCD-SX6229 线型感温火灾探测器由可恢复式差定温传感电缆、接口模块和终端模块三部分组成,如图 5.28 所示。

2. 探测器的工作原理

探测器的可恢复式差定温传感电缆由内导体(两芯无极性)、绝缘层、编织屏蔽层组成(图 5.29)。其中绝缘层的绝缘材料是一种特殊的热敏材料,因此两根内导体之间的电阻呈负温度特性。

负温度系数的特征表现为一个对数函数,即常温下探测器的电阻值将远大于异常温度

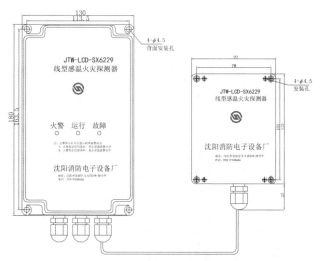

图 5.28 JTW-LCD-SX6229 线型感温火灾探测器的组成

下的电阻值。为了保证系统能够准确感知温度的变化,探测器必须与专用的接口模块相连,通过合理的模块参数设定,可以有效地探测温度异常现象。

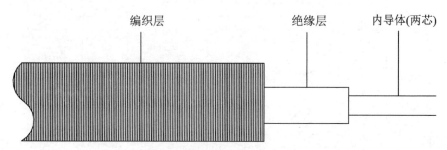

图 5.29 JTW-LCD-SX6229 线型感温火灾探测器结构

3. SX6229 线型感温火灾探测器接口模块

SX6229 线型感温火灾探测器接口模块的作用在于监视探测器的温度变化,并可以针对温度异常升高(如发生火灾)情况报警,针对探测器开路、短路报故障,是线型感温火灾探测器的重要组成部分。SX6229 线型感温火灾探测器接口模块的外形结构如图 5.30 所示。

SX6229 线型感温火灾探测器接口模块与一定长度的可恢复式差定温传感电缆和终端模块连接使用,模块内设信号处理电路,对探测器进行连续的监视,对于异常情况造成的探测器温度升高和开路、短路情况,接口模块能对其进行综合判断处理,分别驱动差温火警、定温火警、故障输出电路。

4. SX6229 线型感温火灾探测器终端模块基本原理

在正常情况下,终端模块中通过微弱的电流,使整个探测器形成一个闭合的环路,终端模块成为信号解码器平衡电路的一部分。当发生开路、短路现象后,终端模块中电流发生变化,SX6229 线型感温火灾探测器接口模块能立即检测出终端模块的电流变化,从而输出故障信号。SX6229 线型感温火灾探测器终端模块外形尺寸如图 5.31 所示。

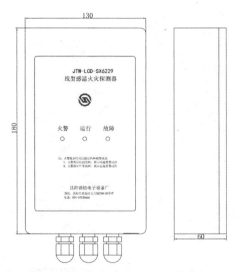

图 5.30　JTW-LCD-SX6229 线型感温火灾探测器接口模块结构图(单位:mm)

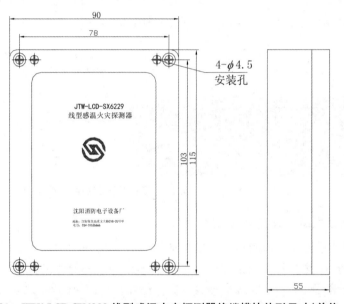

图 5.31　JTW-LCD-SX6229 线型感温火灾探测器终端模块外形尺寸(单位:mm)

5.7　吸气式极早期烟雾探测系统操作

1. VESDA 系统工作原理

VESDA 是一种基于激光探测技术和微处理器控制技术的烟雾探测装置,具有许多其他烟雾检测系统不具备的特性。这些特性改善了烟雾探测设备的性能,简化了操作并增加了系统可靠性,如图 5.32 所示。

VESDA 的设计思想是在火灾初期(过热、阴燃、低热辐射或气溶胶生成阶段)的探测与报警,报警时间比传统探测设备早数小时以上,可以在火灾初期发现从而消除火灾隐患,使火灾的损失降到最小。

VESDA 的工作原理是通过分布在被保护区域内的采样管网采集空气样品,经过一个特殊的过滤装置滤掉灰尘后送至激光探测腔,对空气中因燃烧产生的烟雾微粒进行测定,根据程序分析判断是否有火情产生,进而发出警报。

2. 探测能力及报警阈值

VESDA 系统对烟雾的分辨率为 0.00075%obs/m。报警阈值设定范围为 0.005%~20%obs/m,有四级报警阈值(警告、行动、火警1、火警2),可人工或自动调整,并可区分上下班、周末、节假日等情况,自动调节报警阈值。

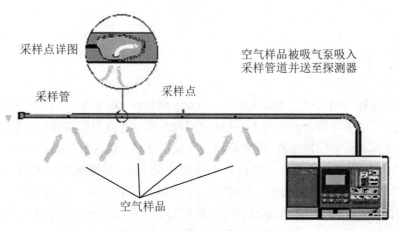

图 5.32　VESDA 系统工作原理

习　题

1. FAS 系统与哪些专业有接口?接口的物理位置各在哪里?
2. FAS 与消防给排水系统的接口功能是什么?
3. 简述消防切非的过程。
4. FAS 系统与哪些专业有接口?接口的物理位置各在哪里?
5. FAS 与消防给排水系统的接口功能是什么?
6. 如何模拟一个烟感火警?
7. 如何屏蔽一个模块?
8. 如何查看设备历史记录?
9. 发现有火警时,处理流程是怎样的?
10. 火灾被扑灭后,需要在火灾报警控制器上进行哪些操作?
11. 简述火灾自动报警系统和气体灭火系统火灾处理流程。

第 6 章　城市轨道交通门禁子系统

6.1　门禁系统结构

6.1.1　门禁系统概述

门禁系统也称为出入口控制系统（access control system，ACS），可以实现进出口管理，考勤管理，停车、就餐等消费系统管理，是对建筑内的出入通道和房间进行智能化控制管理的系统。在地铁内设置门禁系统，用来确保重要设备室和关键区域的安全。

ACS 的功能：地铁的员工每人将持有非接触式员工卡，根据所获得的授权，在有效期限内可开启指定的门锁，进入实施门禁控制的工作场所；同时 ACS 可以实现对员工身份、职能的识别，并进行出入记录，车站级和中心级的管理工作站会记录所有系统的事件、处理记录等，由相关的管理软件进行记录查询并自动生成各种报表。

6.1.2　门禁设备结构

门禁系统四大构成要素：系统通信网络、中央级门禁管理系统、车站级门禁管理系统、现场级门禁设备。

1. 系统通信网络

（1）全线骨干网络

基于工业以太网（冗余双环网）进行数据通信，实时共享全系统所有车站的资源，如图 6.1 所示。

（2）车站级网络

现场总线方式 RS-485 环形总线（主控制器之间，主控制器与就地控制器之间），所有设备的信息通过总线与车站的工作站连接，如图 6.2 所示。

2. 中央级门禁管理系统

设置在控制中心大楼内门禁控制中心，集中处理下级门禁系统的数据信息，包括控制中心大楼，各车站、车辆段、停车场。

主要设备包括：① 中央级门禁服务器：完成对全线管辖范围内所有门禁系统设备的管

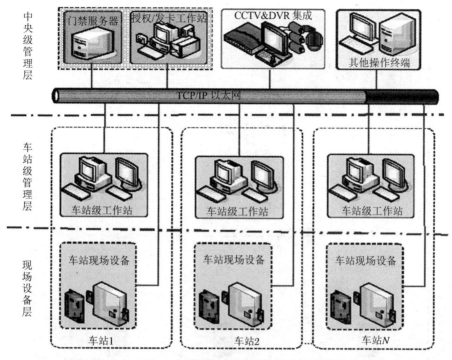

图 6.1　门禁系统全线骨干网络架构图

理、维护和监控,在异常情况下实现紧急控制和对警情的处理,以及接收时钟系统的时钟同步信息,完成对全线门禁系统及设备的时钟同步工作。

② 中央授权工作站:完成对门禁卡进行门禁级别、密码、特殊权限、启用时间等授权和管理。

③ 操作员工作站:完成对全线门禁设备运行状态的监视与控制及维护管理。

④ 交换机:通信设备,由综合监控专业设置。

⑤ 制卡/发卡器:用于授权发卡。

主要功能:对各区域门禁系统进行管理,实现门禁系统全线设备的控制和所有区域的数据采集、统计功能以及中央级管理、授权等功能。

3. 车站级门禁管理系统

设在各车站、停车场、车辆段等门禁系统管理区。门禁系统在站级集成到综合监控系统(ISCS)统一管理,如图 6.3 所示。

车站系统:管理工作站与管理软件共同实现对本车站系统内的所有门禁终端的监控系统运作、授权、设备监控与控制、网络管理。

门禁主控制器:与现场就地控制器间通过 RS-485 环形总线方式互相联网在车站两端综合监控设备室和 AFC 配线间内设置 1 个门禁主控制器、8 个就地控制器和 2 个读卡器。

4. 现场级门禁设备

现场级门禁设备设置在各车站、车辆段、停车场等门禁点现场。

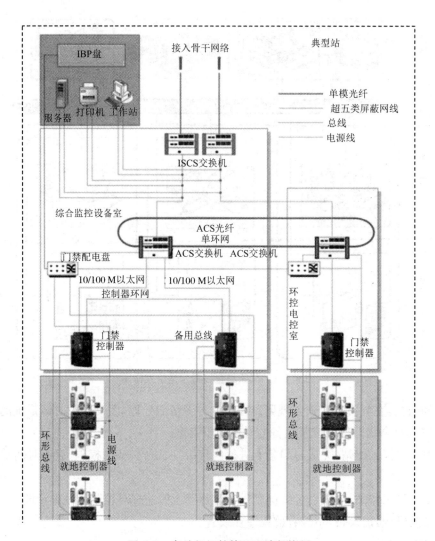

图 6.2 车站级门禁管理系统架构图

读卡器:普通读卡器(AX-7CW),密码键盘读卡器(AX-7CWpin),如图 6.4 所示。

磁力锁:是门禁系统的执行机构,具有断电后磁吸合释放功能,包括单门磁力锁 8315,双门磁力锁 8325,如图 6.5 所示。

出门按钮:对于单向刷卡的门禁点,在室内安装出门按钮,用于释放对应门禁点的电控锁,如图 6.6 所示。

就地控制器:一个就地控制器(RC-2-I)支持 2 个门禁点,可监控 2 个读卡器或读卡器/键盘、8 个输入和 8 个输出。其输入和输出点用于门禁点上的功能,例如门磁、出门按钮和门锁控制,或作为普通的 I/O 点,如图 6.7 所示。

紧急开门按钮:直接接在电锁的供电回路,可以完全脱离门禁系统开门,打碎玻璃后,保证电锁处于打开状态,保证疏散通道畅通。

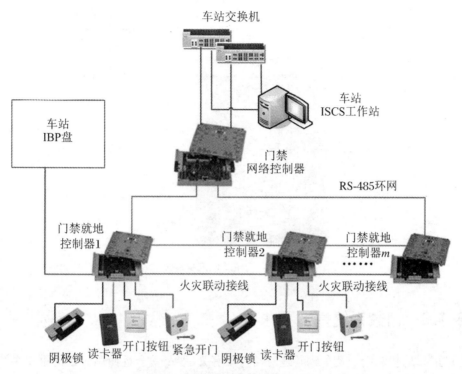

图 6.3 车站级门禁系统网络图

图 6.4 读卡器

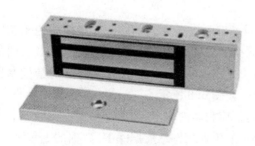

图 6.5 磁力锁

图 6.6 出门按钮

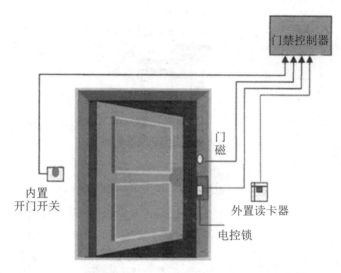

图 6.7 门禁就地控制系统

6.1.3 门禁系统基本要求

① 在车站、控制中心及车辆基地对与行车有关、涉及安全且使用频繁的重要系统设备用房和管理用房、进入设备区的通道、门等位置设置门禁系统。

② 系统运行模式分为在线、离线、灾害三种模式,并可根据不同的情况进行模式转换。

③ 在火灾等紧急情况下,切断门禁电锁电源,实现除票务室以外所有房间电磁锁断电释放,为站内人员提供疏散通道。

④ 门禁卡与地铁员工卡合用,各门禁卡的权限授权由中央授权终端完成。

⑤ 整个系统保安性高、性能稳定、安全可靠、防伪性强。

6.2 门禁系统工作模式

门禁运行模式分为在线、离线和灾害三种模式。

1. 在线模式

中央门禁服务器与车站门禁工作站及门禁控制设备通信畅通。在线模式为系统的常规运行模式,在正常情况下,车站工作站将数据下传到车站各区域门禁控制器,并实时更新门禁控制器中的数据。员工刷卡后,员工卡的信息经读卡器读取后上传至门禁控制器处理、存储,门禁控制器自行处理完成开门过程,如图 6.8 所示。

所有刷卡记录和开门记录暂时存储在门禁控制器内存中,如果工作站在回收状态或者启动回收数据,控制器马上将存储的数据记录上传到工作站数据库中,数据的上传采用"异样上传"模式,控制器存储数据采用"先进先出"模式,后进的数据清空先进的数据。

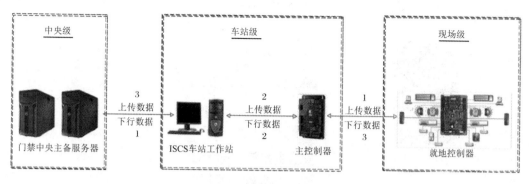

图 6.8　门禁运行在线模式

2. 离线模式

门禁主控制器与 ISCS 工作站网络通信中断,门禁主控制器和就地控制器通信中断。离线运行模式是在门禁通信网络中断的情况下,系统工作于离线模式。在该模式下车站级能够按照预先下载的参数正常运行。在车站级与中央级取得通信时,车站级将保存的网络中断期间的历史信息自动上传到服务器。通信中断时系统自动离线、通信恢复系统自动上传,如图 6.9 所示。

当门禁控制器与门禁工作站的通信中断,系统发出报警信号。门禁控制器独立完成门禁数据的处理和存储,控制员工正常刷卡,待通信恢复,工作站将门禁控制器中存储的记录回收,同时清空控制器中的数据。

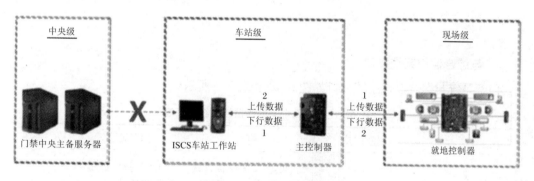

图 6.9　门禁运行离线模式

3. 灾害模式

当车站发生火灾等灾害时,接收 FAS 火灾报警信息,控制灾害区域的电磁锁打开,以便为该区域人员提供撤离通道,分为自动释放模式和手动释放模式。

① 自动释放模式:火灾发生时,火灾自动报警系统将信息传递给就地控制器,系统自动进入火灾模式,向指定区域的门禁设备发出开门指令,满足消防疏散和紧急救灾的要求。

② 手动释放模式:灾害发生时(含火灾),手动启动 IBP 盘按钮,即统一对管辖范围内的门锁断电,释放所有门禁,满足消防疏散和紧急救灾的要求。

通过 IBP 盘上的按钮直接连接门禁配电箱内的电锁供电进线回路的电磁继电器的信号输入触点,当 IBP 按钮按下时,则切断 ACS 的电锁电源 220 V 供电电路,从而将门打开。同时,IBP 盘上的按钮通过电平转换器与门禁控制器的报警输入端口连接,当 IBP 盘动作时,门禁系统记录并保存报警信息,如图 6.10 所示。

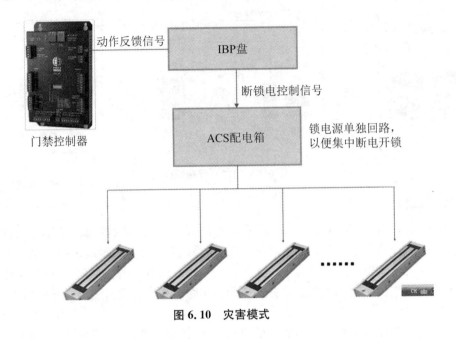

图 6.10 灾害模式

6.3 接 口

1. 与综合监控系统接口

门禁系统与综合监控系统接口如图 6.11 和表 6.1 所示。

表 6.1 门禁系统与综合监控系统接口表

编号	功能要求	ACS	ISCS 系统	备注
ISCS.ACS.01	在 ACS 和 ISCS 进行信息交流	1. 向 ISCS 系统提供:每个车站 ACS 系统故障、系统状态。2. 向 ISCS 对 ACS 与 ISCS 之间的通道进行检测	1. ISCS 系统显示 ACS 系统总故障、系统状态信息。2. 每隔一定时间,ISCS 对 ACS 与之间的通道进行检测	
ISCS.ACS.03	实现车站控制室对本站门禁设备的控制功能	通过 IBP 盘上的紧急按钮,对门禁设备实现紧急手动控制,并点亮 IBP 盘上被控设备状态指示灯	统一设计 IBP 盘,提供 IBP 的按钮、指示灯、接线端子	

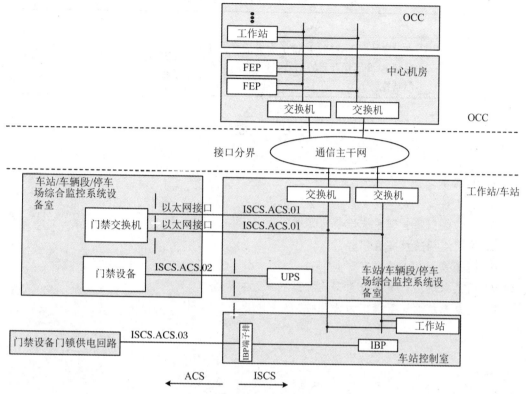

图 6.11 门禁系统与综合监控系统接口图

2. 与 FAS 系统接口

门禁系统与 FAS 系统接口如图 6.12 和表 6.2 所示。

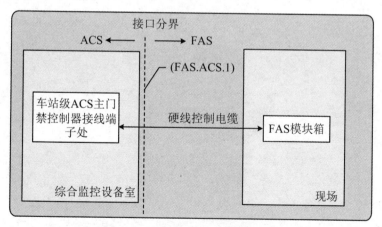

图 6.12 门禁系统与 FAS 系统接口图

表 6.2　门禁系统与 FAS 系统接口表

编号	ACS	FAS
ACS.FAS.1	在火灾情况下，接收 FAS 的火灾信号自动控制 ACS 门锁开启的信号，打开全站所有门禁锁	在火灾情况下，发送火灾信号给门禁系统

习　题

1. 门禁系统的概念是什么？
2. ACS 的功能是什么？
3. 门禁系统四大构成要素是什么？
4. 车站级门禁管理系统设备有哪些？
5. 现场级门禁设备有哪些？
6. 门禁系统基本要求有哪些？
7. 门禁系统运行模式分为哪几种？
8. 门禁系统的灾害模式为哪几种？

第7章 城市轨道交通其他综合监控子系统

7.1 PSCADA 子系统

7.1.1 中心级 PSCADA 功能

ISCS 系统中心级电力监控（PSCADA）功能包括：控制功能；遥信及信息处理功能；遥测及数据处理功能；遥调功能；调度事务管理功能；供电系统运行情况的数据归档和统计报表功能；信息查询功能；用户主要画面显示功能；数据打印及画面拷贝功能；大屏幕投影显示功能；屏蔽功能；远方接入功能；与相关系统信息交换功能；口令级别设置功能；汉化功能；系统的维护、修改、扩展功能；系统具有容错、自诊断、自恢复功能；对各种重要命令和操作设置超时监视，超时时间可调；系统具有防止各种误操作造成的锁机现象的功能。

系统通过骨干网实现对所监视设备的数据采集（包括遥测量、遥信量等）；采集到的数据经合理性校验、工程数据处理后存入系统数据库中。

调度人员使用系统提供的人机界面等工具可随时查询各种实时数据及历史数据。各个被监控的变电所所发生的遥测越限、状态告警、事故跳闸等突发事件采用告警窗打印；多媒体音响告警；推画面等多种形式准确迅速地告知调度人员，以便于调度人员实施调度指挥、事故抢修和事故处理，保证供电的安全性和可靠性。

系统数据库中的数据（包括实时数据、历史数据、统计分析数据等）能够通过系统提供的画面、报表、曲线等形式表现出来，供系统操作员分析使用，实现对系统的监视功能。

系统操作员可根据电力系统实际运行方式的需要，利用系统提供的人机界面等工具改变供电系统的运行方式，实现对系统的控制功能。

控制中心、车站控制室、变电所的人机界面显示、人机界面修改以及数据库修改的功能实现完全相同。

7.1.2 控制及操作功能

1. 遥控

系统遥控功能，即在系统中心级对接入系统的任何一个可遥控的对象进行合、分遥控。系统设两级遥控，即在控制中心和车站控制室对接入系统的任何一个可遥控的对象进行合、分遥控。

遥控可分为单控、程控，并可根据用户要求自定义被控制设备及其顺序操作，上述控制方式可以根据调度人员的要求设置手动确认功能。在同一时间，当多个工作站对同一设备进行遥控操作时，根据用户的权限确定遥控的优先级。

2. 断路器故障跳闸远方复位

当变电所开关的智能保护装置检测到故障电流发出跳闸指令时，开关故障跳闸，同时保护装置闭锁对该开关的操作，操作员需要对被闭锁开关的保护装置进行远方复位操作，解除其对开关操作的闭锁，方可对该开关进行遥控操作，使其能够重新投入运行。

复位的对象为车站所有开关保护装置。

3. 保护定值组管理

操作员可以对 35 kV、1500 V 开关保护装置的保护定值组进行统一管理，包括保护定值召唤、显示、保存、切换、打印等。

保护定值组预先根据供电系统各种运行模式来设定，当系统运行方式改变时，操作员可以从定值组中直接提取保护定值。

4. 保护投退

在中心授权的情况下，维护员可以通过变电所综合自动化系统对各类供电系统设备的保护软压板进行投退操作。

软压板的投退操作在专用界面上进行，如图 7.1 所示。

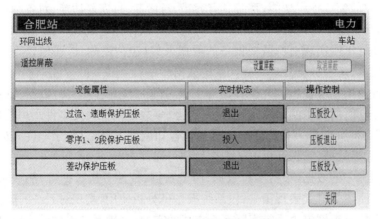

图 7.1　保护压板投退操作面板

5. 供电系统控制闭锁功能

系统具有控制闭锁功能：当现场供电设备故障时，引起相关跳闸，则此开关控制命令的操作被自动闭锁。被控对象在定义时，可编辑输入与之相关的闭锁条件，在满足闭锁条件时，执行命令被自动屏蔽并给出提示信息。例如，当现场供电开关设备接地刀闸接地时，操作员可在主接线画面上开关符号处设置接地标志，对有接地标志的供电开关设备，系统自动闭锁与之相关控制命令的操作。控制闭锁功能可以人工投退，且可由用户自定义。

6. 遥控屏蔽功能

电力调度员可以对任何一个或多个供电系统受控设备进行屏蔽，使其不能被遥控操作,屏蔽解除后才能恢复遥控功能。设备屏蔽后,车站控制室无权对此设备进行控制。

屏蔽操作及解除均须通过手动方式实现。

屏蔽操作分为三种方式:

① 全站屏蔽。

② 按电压等级全线或全站屏蔽。

③ 单开关屏蔽。

单个对象屏蔽指屏蔽一个遥控设备。一组对象屏蔽包括按电压等级、按站设置屏蔽或根据用户自定义。电压等级,如 1500 V 电压等级的所有开关、10 kV Ⅰ段的所有开关、10 kV Ⅱ段的所有开关、400 V Ⅰ段的所有开关、400 V Ⅱ段的所有开关。全站对象屏蔽,即屏蔽一个变电所内所有的遥控开关。

控制权限自动移交时,不提示开关被屏蔽的信息;控制权限自动移交后,屏蔽不可以被解除。

7. 人工置数

具有操作权限的维护人员可以手工对系统采集的数据进行置数。人工置数后的数据有明显标志以示与正常数据的区别。

所有人工设置的状态量能自动列表显示。

具有权限的操作员可以通过操作命令人工设置遥信点的状态和遥测点的数值,或禁止对遥信点的采集。对于禁止操作,数据库中保留禁止前的状态,所有禁止点进入禁止点列表。人工置数后的设备在图形画面上用明显的符号和颜色设置相的标志。所有人工设置的状态量能用列表显示,如图 7.2 所示。

图 7.2 人工置数操作画面

8. 远方维护功能

可以对变电所自动化系统进行远方维护。维护内容包括:对基础设备采集量的修改、人机界面更改、硬件参数配置。

利用远程维护工具可完成人机调阅,可进行系统及软件模块的启停、修改维护数据库、图形编辑、修改软件配置、系统故障的远方处理等操作。

9. 通道测试(硬件测试)

系统支持通信通道测试功能,此处通道指:控制中心至变电所的通信通道。控制中心可以通过人机界面上的测试按钮向变电所发送测试信息,当变电所自动化系统收到信息时,驱动变电所内继电器动作,并由智能测控单元采集继电器动作信号。变电所自动化系统向控制中心返回继电器动作信号。

10. 电量累计

系统具有数据掉电保护功能,系统故障或重启后累计的电度数据不会丢失,同时电度数据允许操作员进行人工置初值,保证换表或归零后电度数据的正确。

7.1.3 数据采集与处理功能

1. 遥信

系统从变电所自动化系统采集各种遥信信息,用户可以自定义遥信点变位的描述,也可由系统按遥信的类型分类定义变位描述。系统也可定义给出表示变电所设备工况的虚拟遥信点,例如变电所自动化系统计算机节点的工作状态、网络运行状态、通道运行状态等。

遥信分为位置状态遥信和保护信号遥信。

2. 遥测

卖方提供的综合监控系统对变电所内各类监测对象的遥测信息采用周期方式进行采集(最小采集周期为1 s),至少每分钟保存一个历史数据。

3. 数据处理及打印功能

系统接收由变电所自动化系统传送上来的数据信息,经过各种算术及逻辑处理后,将数据存储到系统的实时数据库和历史数据库中,可以事件日志的形式供查询调阅,可以按时间、地点、设备、报警等级、自定义字符串等进行查询,并可分类打印。

4. SOE 事件记录

SOE(事件顺序)记录用于分辨事件发生的先后顺序(如故障跳闸的顺序)。系统可以以各种方式(按时间、按事故源对象等)查询、分析和打印 SOE 记录。

系统配置事件顺序记录功能模块,此模块能将各站的开关及继电保护节点动作顺序及时间记录下来,供事后进行事故分析用。事件顺序记录的主要指标是动作时间分辨率,共分为两类,即站内动作时间分辨率(5 ms)和站间动作时间分辨率(15 ms)。前者由远方终端保证,后者则除远方终端外还涉及全部系统的对时。

5. 故障录波数据读取

当供电系统发生故障,保护装置启动保护功能,使故障线路的开关设备事故跳闸的同时,保护装置自动进行故障录波,并以每次故障为单位将故障录波文件存放在当地保护装置中,系统支持故障录波数据的读取。在此功能选项下,允许调度员上载故障录波数据,打印数据波形,读入、保存故障录波数据。

7.1.4 显示功能

1. 人机界面显示

人机界面是操作员日常监控、操作的主界面,由运行监控程序和其他辅助的模块组成。

主要提供如下功能：
① 画面显示、操作员常用操作等功能。
② 人机操作接口提供了窗口管理、画面显示以及操作等功能。
③ 在人机界面可进行相关程序启动操作。

系统可显示供电系统图、牵引网系统图、各变电所主接线图、停送电程控画面、报警/预告画面及其他画面等。电力监控系统例图如图 7.3～图 7.10 所示。

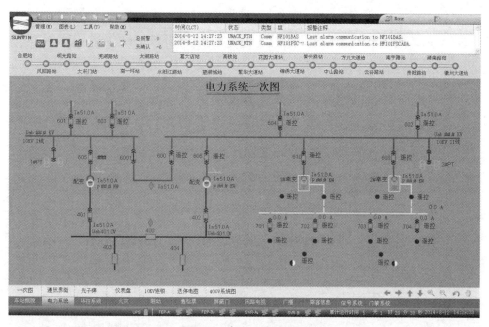

图 7.3　电力一次接线图

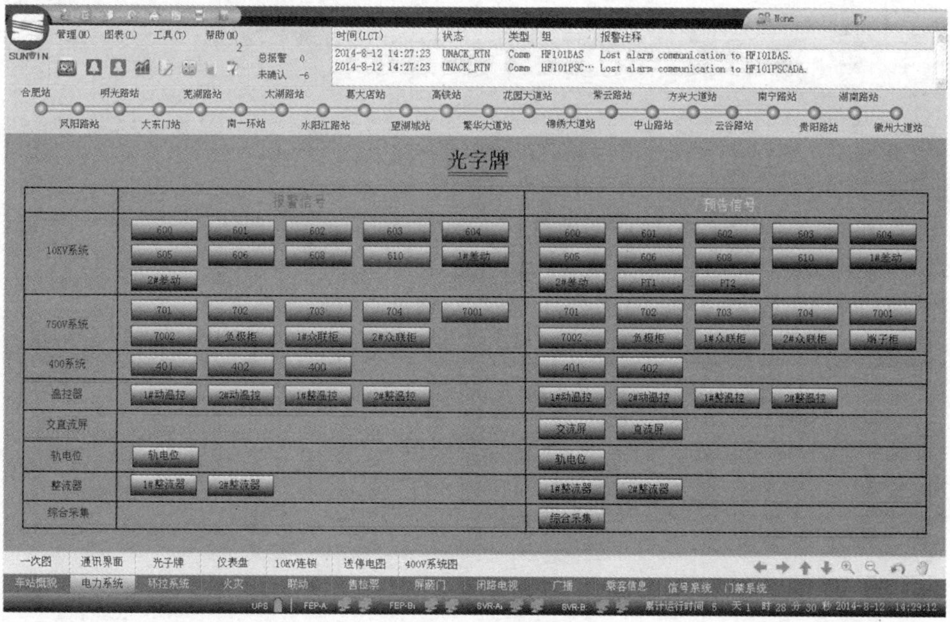

图 7.4　光字牌图

图 7.5 供电系统数据仪表图

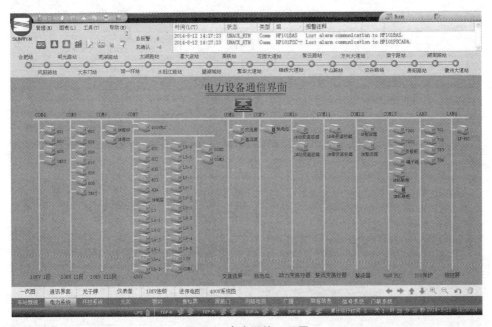

图 7.6 电力通信工况图

第 7 章 城市轨道交通其他综合监控子系统

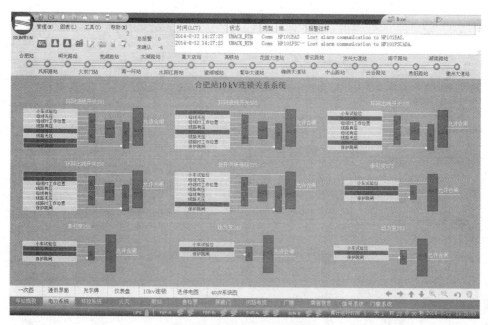

图 7.7 10 kV 连锁关系图

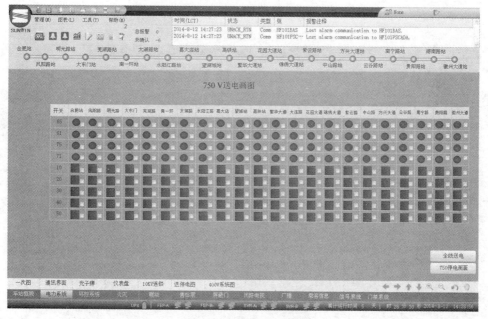

图 7.8 750 V 送电图

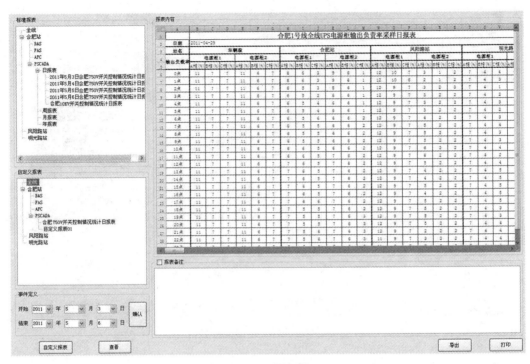

图 7.9 报表图

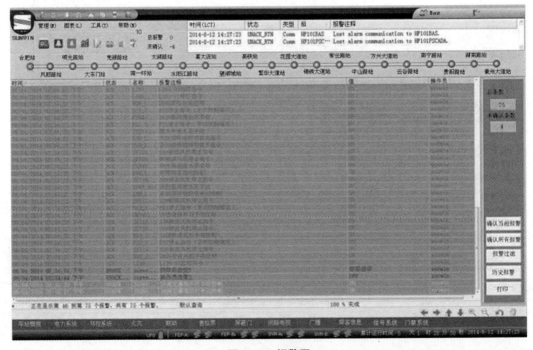

图 7.10 报警图

2. 接地状态显示

当现场供电设备接地刀闸处于接地位置或者现场设备由人工挂接地线时,操作员可在主接线画面上设置接地挂牌标志,同时自动闭锁与之相关的控制命令操作。

系统接收到来自变电所自动化系统的接地刀闸信息后,自动在画面上作出明显标记(接地标志或挂接地牌),同时闭锁合闸操作。此时若对挂接地牌的组件进行合闸送电时,将发出警告并拒合。若被检修组件没有被隔离停电,则挂接地牌时将发出警告并拒挂。

如果变电所自动化系统不能提供接地刀闸信息,操作员可以在画面上手动设置接地挂牌标志,同样可以闭锁合闸操作,以保证系统安全。

3. 趋势显示

遥测量(电压、电流、功率等)按定义的保存周期(至少每分钟)保存在历史数据库中,曲线浏览程序根据每个模拟量保存的数据点,按要求通过曲线方式显示出来。

系统可以显示实时或者历史模拟量的趋势曲线(包括平均值、最大值、最小值等)。当进行实时趋势曲线显示时,曲线按照一定周期自动刷新。

4. 变电所自动化系统运行状况显示

系统能实时显示各个变电所自动化系统的运行状况。若发现系统设备发生故障能自动报警提示维护人员,并对运行设备的设备名称、设备所在车站、故障发生时间、恢复/更换时间进行自动记录。

7.1.5 报警功能

供电系统发生故障时,报警表自动显示故障报警信息,包括报警时间、报警级别、报警内容、报警地点、设备名称,等待操作员确认报警。未确认的报警信息在报警画面中闪烁,确认后未解除的报警保留在报警表。经操作员确认后解除的报警自动从报警表中删除。未经操作员确认过的报警,报警自动解除后,报警表中保留此报警解除信息等待操作员确认,如表 7.1 所示。

报警查询可以按时间、事件类型、报警级、点名、确认、未确认状态、关键字等方式进行组合查询。

表 7.1 故障报警信息表

报警级别	报警内容	报警显示	报警颜色
0 级报警	包括计算机设备报警,网络设备报警,信道故障或投运、停运,远动设备故障或投运、停运等		暗灰色
1 级报警	10 kV、1500 V 保护装置事故跳闸动作的信号,包括事故总信号、保护信号类型的所有信号	本报警等级事故信息要求产生声音报警,推出所在车站的一次主接线图。开关对象闪烁,可引起调度人员的高度重视,在了解事故信息后进行相应的处理	红色

续表

报警级别	报警内容	报警显示	报警颜色
2级报警	预告信号、遥控操作提示信息、重要遥信变位所有信号	本报警等级故障信息要求产生声音报警,右击预告信号选择推图,可推出所在车站的光字牌图。光字牌闪烁,可引起调度人员的重视,在了解事故信息后进行相应的处理	橙色
3级报警	10 kV、1500 V、400 V 定义限值的遥测量(如母线电压等越上限或越下限)越限时,产生的报警信息	本报警等级事故信息可离线配置是否产生声音报警,引起调度人员的注意,并进行相应的处理	黄色
4级报警	未知原因的开关变位	在非保护、非遥控的情况下,引起开关变位(如就地手动操作开关等),产生报警信息,提示调度员	蓝色
5级报警	为备用报警等级		棕色

7.2 CCTV 子系统

7.2.1 CCTV 监控系统概述

专用闭路电视监控系统,是城市轨道交通维护和保证运输安全的重要手段。它能够为控制中心的调度员、各车站值班员、列车司机等提供有关列车运行、防灾救灾、旅客疏导以及社会治安等方面的视觉信息。闭路电视监控系统由中心控制设备、车站/车辆段/停车场控制设备、图像摄取设备、图像显示设备、图像录制设备、图像存储设备及视频信号传输设备等组成,并在车辆段/停车场周界设置周界报警系统。

闭路电视监控系统与警用视频监控系统共享站厅层和站台层公共区、出入口及通道前端固定式枪机,保证专用闭路电视监控系统的网络安全,保证共享摄像机满足警用视频监控系统的调看、存储、控制等功能需要。

闭路电视监控系统简称 CCTV 监控系统。一般情况下,CCTV 监控系统采用车站、控制中心两级相对独立的监控方式,正常情况下以车站值班员控制为主进行视频监控,控制中心调度员可任意选择上调各车站的任一摄像头的监控画面。在紧急情况下则可以根据需要转换为以控制中心调度员控制为主进行视频监控。

CCTV 监控系统可以为车站值班员提供对站厅的售票亭、自动售票机、闸机出入口、自动扶梯出入口、站台、机房等主要区域的监控;可以为列车司机和站台工作人员提供对相应站台的旅客上、下车情况；也可以为控制中心的行车、环控、电力、公安等调度员或值班员提供对各个车站或机房的监控点画面。

在一个城市有多条线路的情况下，上层的线网管理中心可以设置为线网闭路电视监控中心，根据需要调看各线路监控画面，从而形成车站、控制中心和线网管理中心的三级视频监控系统。

车辆段/停车场安防系统包括周界报警系统和视频监控系统两部分。两个系统充分融合，实现相互间集中控制和联动管理，构成一个封闭、全面、完善的段/场安全防范系统，能够有效地实现对非法入侵行为做到及时发出报警、警告、视频采集和场景分析，以达到及时处置、核实和防范的目的，确保车辆段的安全。

7.2.2　CCTV监控系统的组成

CCTV监控系统由摄像机、控制部分、传输部分、监视器、报警部分和网管部分等六部分组成，如图7.11所示。

系统组成简单、易扩容、易升级、易维护；在瞬间电源倒换时不死机；设备及板卡允许带电热插拔；监控操作程序简便；系统的网管功能强大，可对车站电视设备进行遥控开关机；车站、车辆段、停车场设置专业IP SAN存储设备；控制中心可任意调看全线任意画面。

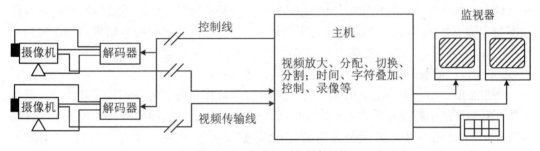

图7.11　CCTV监控系统组成

车站摄像机的种类总共有三种，分别为，可调焦旋转式云台：可实现调整焦距、360度旋转功能；枪式摄像机：焦距和摄像位置固定；半球摄像机：固定式摄像机。云台是承载一体化摄像机进行水平和垂直方向（左/右、上/下）转动的装置，它可有以下几种选择：

① 室内或室外使用的平台。
② 不同承重的平台，可根据摄像机和防护罩的总重量来选择。
③ 几种控制方式的平台，一般有电源端口和控制端口。

7.2.3　CCTV监控系统的分类

CCTV监控系统可分为模拟视频监控系统、数字视频监控系统和网络视频监控系统三种。不同视频监控系统采用不同的技术与组网方案。

1. 模拟视频监控系统

在模拟视频监控系统中，控制中心和各车站CCTV的组网方式以及控制中心与车站间的视频信号传输均采用模拟方式,摄像头与监视器之间传输的是模拟视频信号,图像的分配、切换和分割等均由硬件设备来完成;各车站与控制中心之间的视频信号传送,采用点对点模拟光纤传输方式,各车站与控制中心之间将占用1~2条光纤进行点对点模拟视频信号的传送;车站CCTV将控制中心调度员所选择的监控点图像经频分复用和光电转换后,送控制中心,控制中心CCTV将收到的视频信号反变换后,送至选择该图像调度员的监视器。其复用、传输技术类似于所用的模拟有线电视的复用、传输技术。

在模拟视频监控系统中,最主要的设备为视频网络控制设备和视频矩阵设备,其中的视频网络控制设备接收本地控制键盘控制指令和上级控制信号,该设备可以控制信号的优先级(一般控制中心调度员优先级高于车站值班员,行车调度员的优先级高于其他调度员),控制视频矩阵设备选择输出图像,控制一体化摄像机的动作,控制画面分割器的分割画面数,控制录像机的录、放像,其中的视频矩阵设备相当于一台由键盘控制的视频交换机,视频切换矩阵根据视频网络控制设备输出的控制信号,选择所需的监控点图像进行显示或送上一级视频监控系统。

模拟视频监控方案虽然在城市轨道交通还有应用,但占用的光纤资源多,光纤辅助设备复杂,导致管理维护困难,且扩容难度大,不符合监控领域的发展方向。

2. 数字视频监控系统

在数字视频监控系统中,控制中心和各车站CCTV的组网方式仍采用模拟视频技术,只在硬盘录像以及车站与控制中心的视频传输上采用了数字技术。随着地铁专用光纤传输网的容量不断提高,地铁中普遍利用地铁专用数字传输网将模拟视频信号从站点传到控制中心,因数字传输网无法传送模拟视频信号,为了将模拟视频信号从各车站传到控制中心,需要经过压缩编码器进行模/数转换成帧后,才能传送。

因控制中心与各车站均采用模拟视频信号组网,故控制中心与各车站的硬盘录像设备需要配有相应的压缩编码器。由上述可见,数字视频监控系统与模拟视频监控系统的区别仅在于:车站与控制中心之间所传送的,前者是数字视频信号,而后者是模拟视频信号。数字视频监控系统是地铁视频监控系统中用得较多的一种方案。

3. 网络视频监控系统

网络视频监控系统是新近崛起的、以计算机通信与视频压缩技术为核心的新型监控系统。在网络视频监控系统中,控制中心和各车站闭路电视的组网方式均采用计算机局域网组网方式,并通过地铁专用传输网所提供的分组传输通道,将地铁各视频监控系统的局域网连接成为广域网,带有编码器的网络摄像机或连接有多台模拟摄像机的视频网关,带有解码器的数字监视器以及录像硬盘等均接入控制中心或各车站的以太网或异步转移模式(ATM)的局域网,各车站闭路电视局域网与控制中心闭路电视局域网通过地铁专用传输系统的分组传输通路直接相连。

在CCTV中可以利用摄像头、话筒和计算机,通过其内置的音频或视频采集卡(或芯片)完成音频或视频信号的采集、压缩编码、数字处理、打包与成帧,形成网络视频流送至计算机网络,也可以利用内置压缩编码、数字处理芯片,以及以太网接口芯片的网络摄像机,将网络视频流直接输出至计算机网络,处于同一计算机局域网或广域网的任何一台联网的授权计算机,用户通过输入IP地址可以浏览任意一台联网摄像机的监控画面,监听该摄像机内置话筒传来的声音,通过键盘控制该摄像机的云台和电动镜头,获取不同角度与距离的监控图像,这样,控制中心的调度员只要输入各车站摄像机的 IP 地址,即可选择调看任何车站监控点的图像,并控制一体化摄像机的动作,各车站值班员可在其控制键盘中输入所选摄像机的 IP 地址调看监控点图像,并可用软件进行图像分配和分割,基于网络的视频监控系统还可利用网络来传送告警信号,包括:现场的门禁、烟雾等开关信号及各种传感器所采集的模拟信号。网络视频监控系统具有扩展灵活、摄像机安装位置随意,可用任意地点联网的 PC 机浏览监控点图像,传输和存储全部数字化或网络化,监控功能更加丰富完善和极易安装与使用等优点,网络视频监控系统在建设投资、技术先进性、组网灵活性和可扩展性等方面都优于其他两种方案,系统如图 7.12 所示。

习 题

1. PSCADA(电力监控)系统的遥控、遥信、遥测功能分别是什么?
2. 供电系统发生故障时,报警表自动显示故障报警信息包括哪些内容?
3. 闭路电视监视系统的作用是什么?
4. 闭路电视监控系统的组成是什么?
5. CCTV 可分为哪三种类型?
6. 数字视频监控系统与模拟视频监控系统的区别是什么?
7. 网络的视频监控系统还可利用网络来传送哪些告警信号?

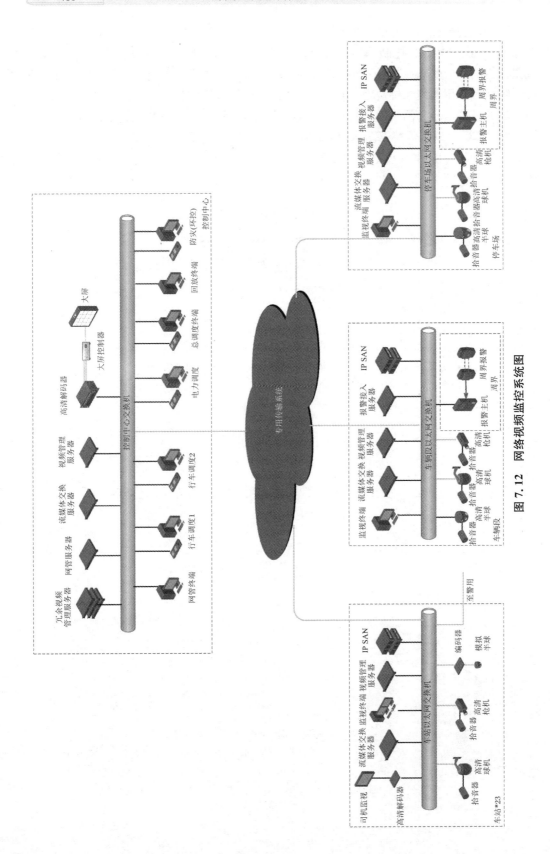

图 7.12 网络视频监控系统图

应用篇

第8章 城市轨道交通综合监控操作

8.1 BAS系统设备监控操作

1. 大系统监控画面

车站公共区通风空调系统原理图即车站通风空调大系统,体现工艺设备的逻辑位置。通过颜色的变化(图中体现为线条粗细的不同)反映各种设备的状态和属性,以动态方式显示风向。大系统承担调节公共区的温度和湿度,以向乘客和轨道交通工作人员提供舒适的乘车和工作环境;同时,承担紧急和灾害状态下的通风、换气和排烟功能,确保乘客和员工的人身安全。本系统包括四种工艺设备:空调机组(KT)、回排风机(HPF)、新风机(XXF)、组合风阀(DZ),可以对空调机组和新风机进行启停控制、回排风机变频控制、组合风阀开关控制。该系统主要设置在地下车站,其中通风设备同时兼作车站公共区排烟系统,如图8.1所示。

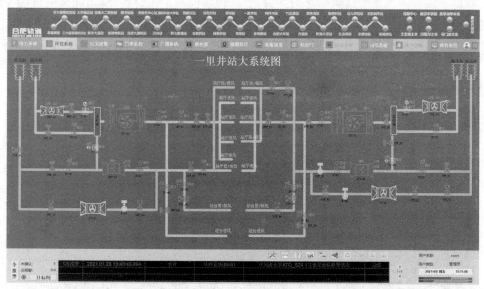

图8.1 大系统界面

2. 小系统监控画面

车站设备管理用房通风空调系统的原理图即车站通风空调小系统,体现工艺设备的逻辑位置。通过颜色的变化反映各种设备的状态和属性,以动态方式显示风向。小系统主要承担办公用房和设备用房等温度和湿度的调节,以向轨道交通工作人员提供舒适的办公环境,给设备提供合适的运行环境;同时,承担灾害状态下的通风、换气和排烟功能,确保员工的人身安全。本系统包括五种工艺设备:小空调机组(XK)、小送风机(XSF)、小排风机(XHPF、HPF)、电动调节阀(DT)、电动防火阀(AHFH)。可以对空调机组和单速风机进行启停控制,对调节阀和防火阀进行开关控制,如图8.2所示。

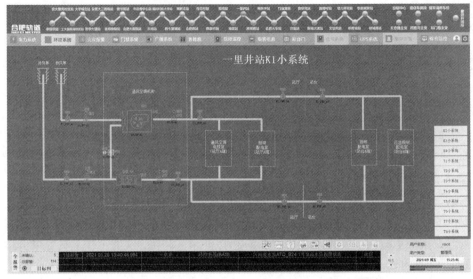

图 8.2 小系统界面

3. 隧道系统监控画面

隧道系统是指车站所辖两端隧道通风系统,包括四种工艺设备:隧道通风风机(TVF)、轨道排热风机(UOF)、组合风阀(DZ)、电动风量调节阀(DT)。TVF 风机一般设于地下车站的两端或区间的中间风井内,主要完成隧道活塞风和机械通风,同时兼完成火灾时的排烟。用户可以对 TVF 风机进行送排风控制、UOF 风机高低速控制、组合风阀和电动调节阀开关控制,如图8.3所示。

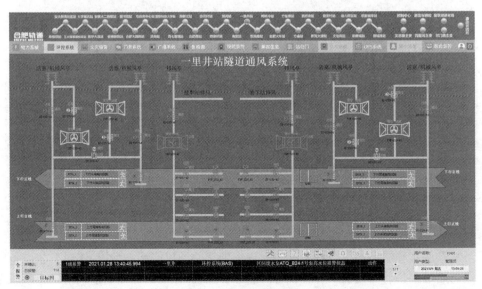

图 8.3 隧道通风系统

4．电扶梯系统监控画面

通过电扶梯系统画面可以直观反映电扶梯的运行状态和通信状态等如图 8.4 所示。单击扶梯图元会弹出扶梯监控信息面板，通过信息面板可以查看扶梯上升下降状态、故障报警状态、检修挂牌、停止状态、急停状态、工频变频、通信故障状态。单击垂梯图元会弹出垂梯监控信息面板，可查看垂梯上升下降状态、故障报警、停止状态、通信故障状态、锁梯状态，如图 8.5 所示。

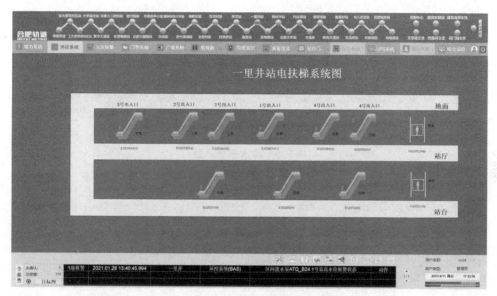

图 8.4　电扶梯系统界面

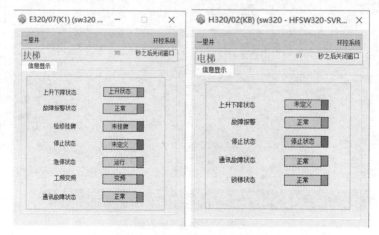

图 8.5　电扶梯系统监控界面

5．冷水系统监控画面

车站空调冷水系统包括：冷水机组、冷冻泵、冷却泵、二通调节阀等。一般地铁为大规模的空调水系统，设置有分水器和集水器；冷水机组、水泵等设备的入口处将安装过滤器和除垢器；冷水系统将设置必要的压力表和温度计等传感器，可以对空调机组进行启停控制、二通调节阀开度控制，如图 8.6 所示。

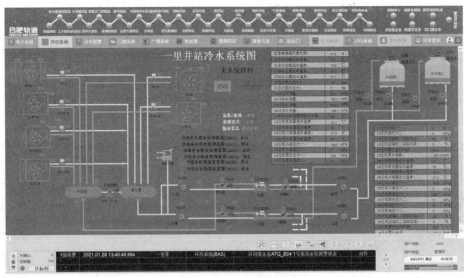

图 8.6 冷水系统界面

6. 照明系统监控画面

点击"环控系统"→"照明系统"进入车站照明系统图界面,通过该界面可以查看照明回路状态、照明设备状态、照明数据的采集和监测(包括开关次数、运行时长、照度值、电流数据、照明数据百分比等)以及照明场景模式和系统状态控制,如图 8.7 所示。

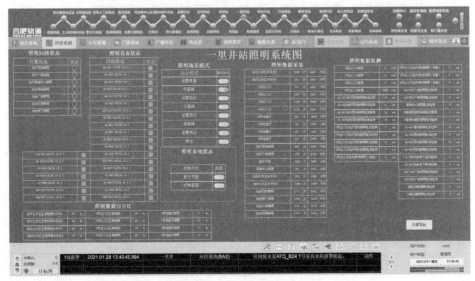

图 8.7 照明系统界面

7. 给排水系统监控画面

车站通过 BAS 系统对给排水设备运行进行监视。给水系统中分为一路和二路市政进水,而排水则是通过运行排水泵直接进行排水,通过颜色的变化可以对各种设备的状态和属性进行直观的反映,如图 8.8 所示。给排水系统控制画面显示的设备/信息包括每组泵的选择开关状态(自动/手动)、单台泵的过载状态、每组泵的运行/停止状态、泵的高水位/低水位状态、泵的故障状态等,如图 8.9 所示。

第8章 城市轨道交通综合监控操作

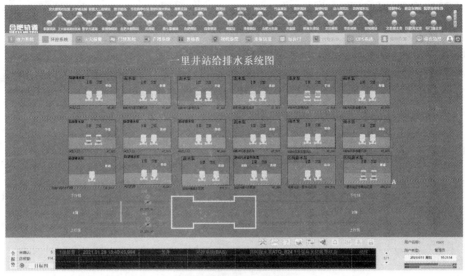

图 8.8 给排水系统界面

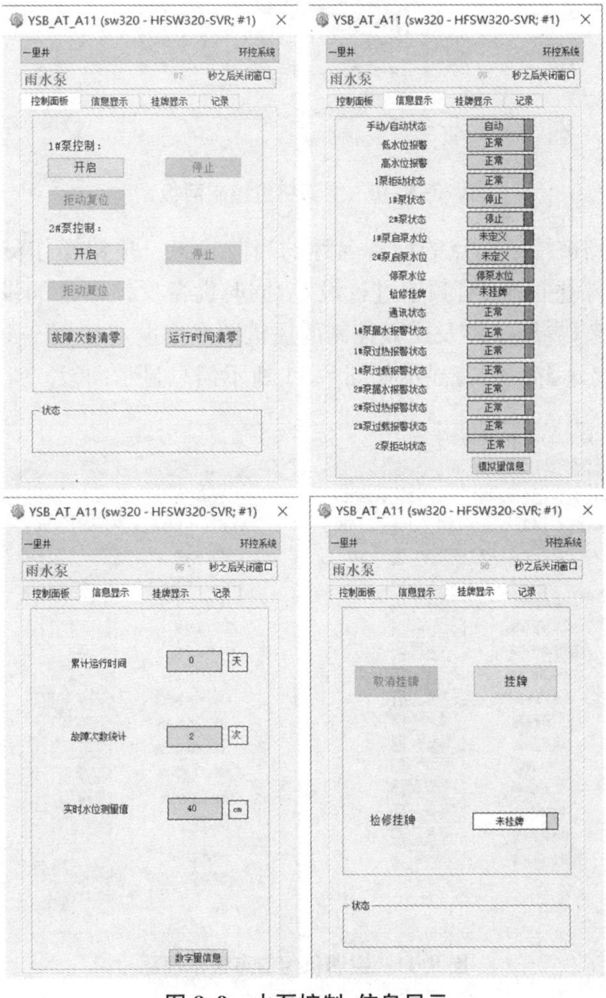

图 8.9 水泵控制、信息显示

8. 环控设备控制功能

(1) 单点控制

BAS设备的单点控制步骤如下(以空调机组控制为例):

操作员可以在HMI画面上用鼠标左键单击设备精灵,将弹出如图8.10所示的超级精灵,BAS系统超级精灵有三个页面:控制面板、信息显示、挂牌显示。

① 点击该操作面板上的【控制面板】按钮,将显示如图8.10所示的控制面板。

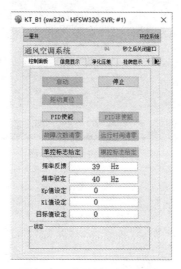

图8.10 空调机组控制面板

操作员可以看到被控数据点的设备名称的当前状态。按钮操作员可以通过控制面板对设备进行开启和停止控制,对频率进行设定,同时设备反馈回来的设备实际频率也会在控制面板里显示出来(界面中涉及变频控制的风机频率应设定在20~40 Hz)。

② 点击【信息显示】按钮,将显示如图8.11所示信息显示面板。

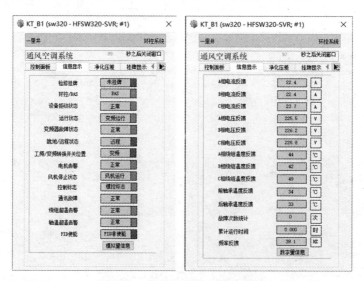

图8.11 空调机组信息显示面板

信息显示页面主要显示设备启停、远程就地、工频变频等实时运行状态。

③ 点击【挂牌显示】，显示如图 8.12 所示的挂牌显示面板。

图 8.12 空调机组挂牌显示面板

挂牌显示页面主要显示设备是否处于挂牌状态，同时操作员可以在挂牌显示页面上对设备进行挂牌和取消挂牌的操作。

(2) 模式表控制

点击"环控系统"→"模式表"，进入模式表控制界面，如图 8.13 所示。通过模式表控制界面可以实现对单个模式进行启停控制，查看模式运行后设备的动作情况包括当前模式下的设备编号、设备描述、设备预期状态、设备实际状态以及模式执行情况。通过选择系统控制方式可以实现灾后恢复、一键全停、全站单控、全站模控、全站时间表、全站拒动复位等全局控制功能，全局控制命令可实现对本站所有模式和对应的设备进行控制，如图 8.14 和图 8.15 所示。

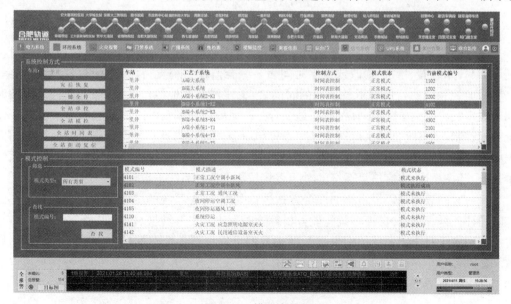

图 8.13 模式表界面

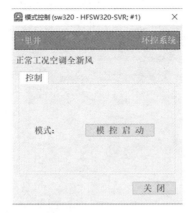

图 8.14　模式控制

模式对照表 (sw320 - HFSW320-SVR; #1)

一里井　环控系统

2202——正常工况空调全新风

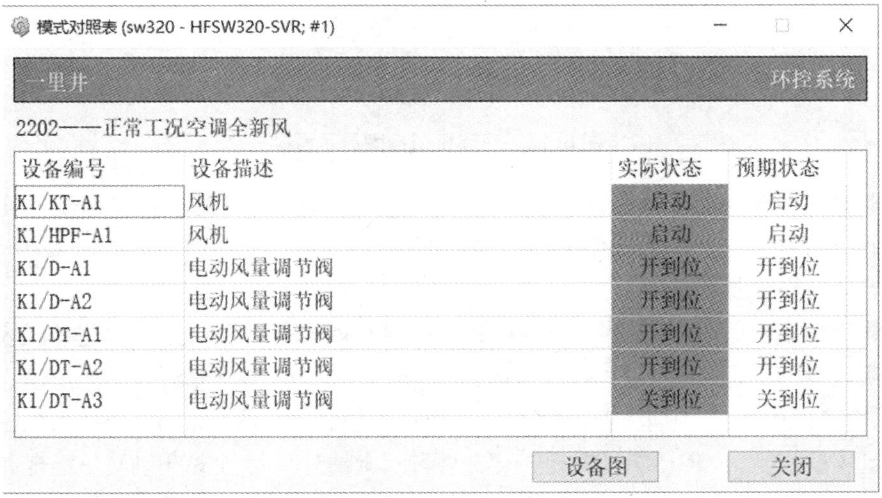

设备编号	设备描述	实际状态	预期状态
K1/KT-A1	风机	启动	启动
K1/HPF-A1	风机	启动	启动
K1/D-A1	电动风量调节阀	开到位	开到位
K1/D-A2	电动风量调节阀	开到位	开到位
K1/DT-A1	电动风量调节阀	开到位	开到位
K1/DT-A2	电动风量调节阀	开到位	开到位
K1/DT-A3	电动风量调节阀	关到位	关到位

设备图　关闭

图 8.15　模式对照表

(3) 时间表控制

综合监控系统提供时间表控制功能以便设备能在设定的时间上自动运行,操作员可以利用 HMI 来设置、增加、修改或删除时间表。综合监控系统支持两种时间表控制机制:一是综合监控系统执行所编辑及执行的时间表,无需涉及其他接口系统,综合监控系统按时间表设定发出个别单独控制命令;二是综合监控系统将所编辑的时间表参数下载到各子系统就地控制,子系统自动执行这些时间表控制命令。综合监控系统将监视子系统执行时间表中有没有误差并发出警报。照明系统、AFC 系统、广播系统等的时间表在综合监控系统中执行,环控系统、乘客信息系统的时间表将从综合监控系统下载到子系统中执行。

每一时间表都是以多系统的综合方式进行安排,环控系统的综合性时间表将包括车站和隧道环控系统,综合监控系统将能分析综合时间表并将其转换/拆卸成多个子时间表,子时间表对应于每个子系统。中央级时间表界面可以查看各个车站的时间表,可以新增、修改和删除各个车站的时间表并将设定的时间表下发到各个车站,车站时间表界面只可以加载本站时间表查看,不能对时间表进行编辑、下发操作,如图 8.16 和图 8.17 所示。

图 8.16 车站时间表界面

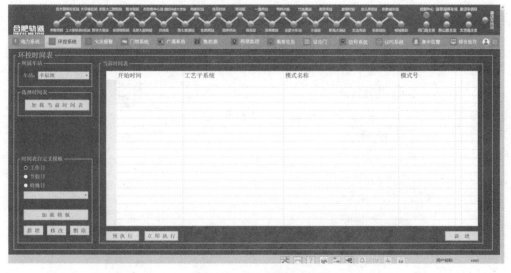

图 8.17 中心时间表界面

8.2 FAS 设备监控操作

合肥地铁车站的 FAS 以独立子系统方式建设,为 ISCS 部分集成系统。在实现方案中,除 FAS 与 IBP 盘的硬线连接外,每个车站的 FAS 信息通过交换机接入 ISCS,ISCS 只监视 FAS 的各类状态信息并接收 FAS 的联动指令,即:FAS 主机通过交换机向 ISCS 传送区间火灾告警信号、各防灾分区告警信号、火灾联动模式信号等信息。

ISCS 通过车站交换机接收到本车站范围内 FAS 各主机状态、防火分区报警信息和火灾告警信息等数据并转发给车站服务器。

车站服务器对 FAS 数据进行处理、记录,一方面上传给中央实时服务器;另一方面在车站操作员工作站 HMI 按照预配置的告警形式发出告警,如告警画面、声音告警等。

中央实时服务器接收到车站服务器的防火分区报警和火灾告警信息后,对数据进行处理、记录,一方面在 OCC 操作员工作站 HMI 按照预配置的告警形式发出告警,如弹出告警画面、声音告警等;另一方面将告警信息写入历史数据库。

这样,操作员可以直观地看见各个车站的安全状态,以及是否有已确认火灾报警和未确认火灾报警。

1. FAS HMI 图元

FAS 系统各设备图元如表 8.1 所示:

表 8.1 FAS 设备图元

设备名称	图元
烟感	
温感	
手动报警按钮	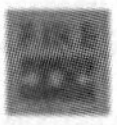
消火栓按钮	
消防警铃	
声光报警器	
感温光纤微机头	
排烟风机	
电动排烟口	
电动风量调节阀	
70 ℃防烟防火阀	

续表

设备名称	图元
280 ℃防烟防火阀	
扶梯	
电梯	
广播	
消火栓点灯控制	
消防电源	
0.4 kV强切	
消防泵控制箱	
气体灭火控制	
气体灭火主机	
感温光纤主机	
消防报警主机	

FAS系统各设备在人机界面上通过颜色的变化来显示相应的信息,当火灾发生时,如烟感温感等探测器探测到了火灾信息,其颜色就会从绿色变为红色;当发生故障时以黄色显示;当该设备被屏蔽时以洋红色显示。火灾报警系统其他设备的颜色变化和烟感温感类似,如控制模块和反馈模块,当模块动作时,设备显示为红色;当模块发生故障时显示为黄色;当模块被屏蔽时显示为洋红色。设备颜色示例如表8.2所示。

表 8.2　图例

状态	图例
正常	（绿色）
动作/报警	（红色）
故障	（黄色）
屏蔽	（洋红色）

2. FAS 功能及 HMI

综合监控系统 FAS 底图是参照设计院的车站施工图来设计的，有利于操作员查看，便于快速定位设备位置。各设备根据不同的状态显示不同的颜色，提示操作员注意。

FAS HMI 界面有系统拓扑图、设备平面布置图、0.4 kV 强切系统图。系统拓扑图用来显示系统比较重要的设备的状态；设备布置图主要显示烟感、温感、手动报警按钮以及消火栓按钮的状态；0.4 kV 主要显示 0.4 kV 非消防电源是否处于切断状态。所有实时报警信息都可以在报警窗口里显示，也可以历史查询。

3. 典型车站 FAS 系统 HMI 画面

车站 FAS 画面包括：FAS 系统拓扑图、站台设备平面分布图、站厅设备平面分布图、出入口设备平面分布图、区间报警系统图、0.4 kV 强切系统图等，示例如图 8.18～图 8.20 所示。

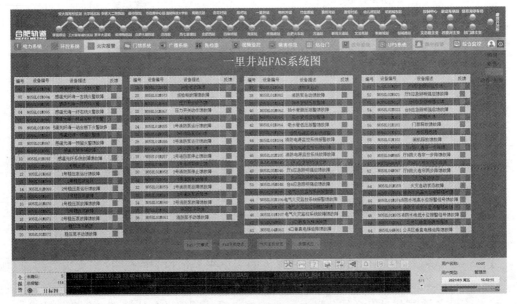

图 8.18　FAS 系统拓扑图

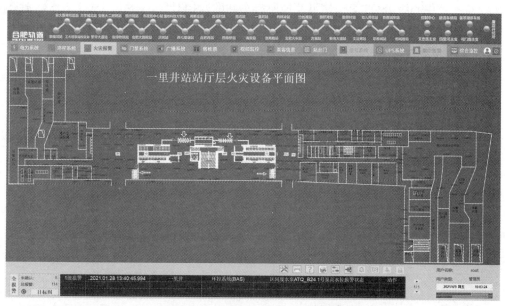

图 8.19　FAS 站厅设备平面布置图

图 8.20　隧道区间感温光纤系统图

8.3　门禁设备监控操作

门禁系统(简称 ACS 系统)是综合监控系统(简称 ISCS 系统)的子系统。监控对象主要有:门禁设备状态、门禁设备的报警和事件,并可在中央级或车站级 ISCS 工作站查询这些监控对象。中心级 ISCS 工作站可监控所有车站的监控对象,车站级 ISCS 工作站则只监控本车站的监控对象。

1. 监控对象及状态

ISCS 系统门禁子系统监控对象包括:主控制器、就地控制器、门状态,具体各设备的状态及显示方式如表 8.3 所示。

表 8.3 监控画面显示

序号	监控对象	监控状态	显示画面
1	主控制器	在线	 NC(绿色)
		离线	 NC(白色)
2	就地控制器	在线	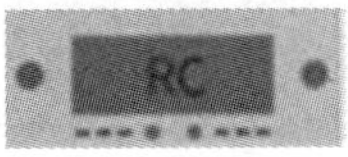 RC(绿色)
		离线	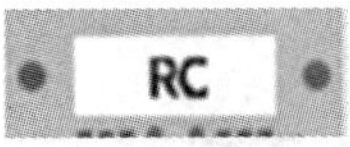 RC(白色)
3	门状态	正常	 (绿色)
		故障	 (红色)
		常开报警	 (红色)
		强开报警	 强开(红色)

2. 监控画面及显示意义

主控制器和就地控制器的状态在"门禁系统"→"设备状态图"里。其中状态栏里:绿底黑字表示正常状态,白底红字表示离线状态,如图 8.21 所示。

门状态是在"门禁系统"→"站厅/站台系统图"里。站台、站厅所有有门禁的房间均在设计提供的建筑底图上进行布置,更直观更方便操作人员查看及控制。其中状态栏里:绿色关门表示正常状态,红色关门表示门禁故障状态,红色开门表示门常开状态,红色加强开闪烁表示强行开门报警,如图 8.22 所示。

在门状态设备图中,鼠标单击门禁,弹出如图 8.23 所示页面,可对该门进行开锁、闭锁控制。

第 8 章 城市轨道交通综合监控操作

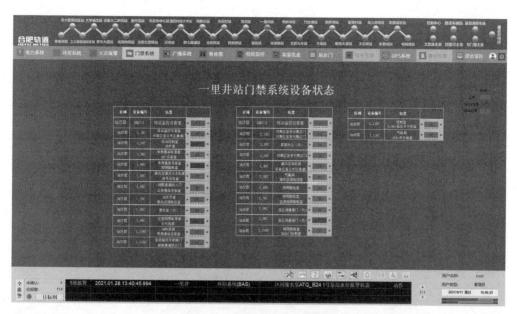

图 8.21 门禁系统设备状态图

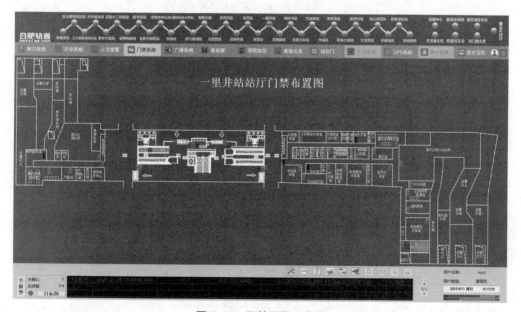

图 8.22 门禁平面示意图

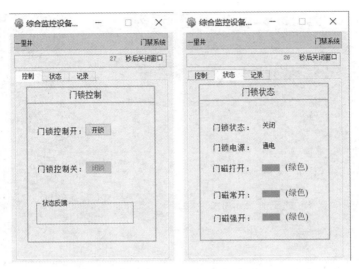

图 8.23 门禁控制与监视

8.4 其他设备监控操作

1. 视频监控操作

车站 ISCS 工作站可以为 CCTV 监视器上的画面选择视频源,从而实现对各车站出入口、客流较多的上下行站台和站厅,相对重要的设备间(如 AFC 设备室、车站控制室等)进行监控功能。

点击"视频监控"→"站厅/站台/出入口设备系统图",即可查看站厅、站台、出入口摄像头的情况及其具体状态,如图 8.24 和图 8.25 所示。

图 8.24 视频监控导航

点击"视频监控"→"视频监控画面"→"双机对应摄像头",即可查看该摄像头对应的画面。通过视频监控画面可以实现对界面显示进行调整,可以选择"单画面""四画面"或"复位画面",同时也可以选择当前监视器所在位置。通过轮循设置可以设置轮循时间,也可以选择开始轮循或停止轮循。在选定车站对应的球机后,可以通过云台控制按钮调整球机的拍摄角度和拍摄画面的大小,如图 8.26 所示。

2. 广播系统操作

进入车站 PA 系统控制车站人机界面,在"广播区状态"可单击选择车站广播区,广播区选择好之后,在"设置与功能"区可选择"话筒广播"即可实现实时话筒播放,"语音广播"即可实现预录制信息播放,"线路广播""广播监听"即可实现对所选线路进行监听,"TTS 广

第 8 章 城市轨道交通综合监控操作

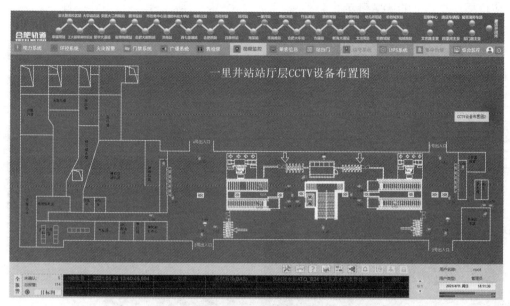

图 8.25 CCTV 设备布置图

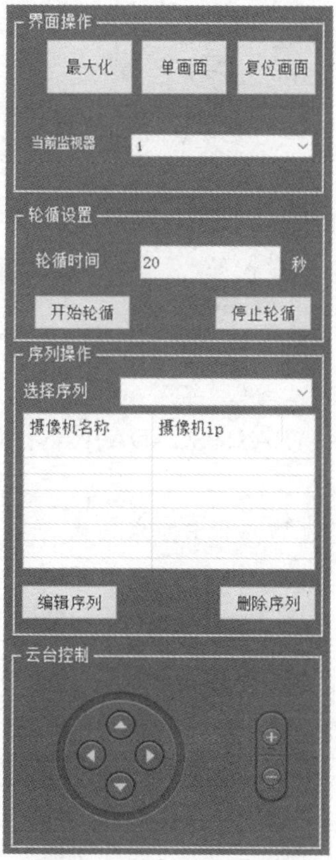

图 8.26 CCTV 控制画面

播"即可实现文字转换为语音的功能,"指令下达"是针对该"设置与功能"其他命令的确认。在按下"指令下达"命令之后,ISCS PA 系统将一系列操作信息发送给车站 PA 系统,执行相应广播动作，如图8.27所示。

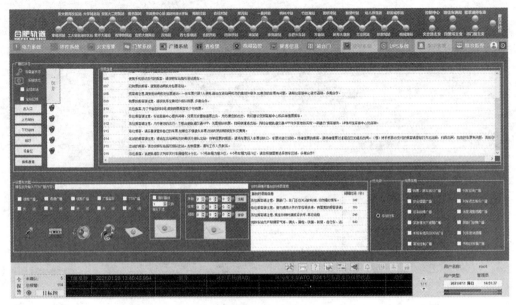

图8.27 广播系统界面

习 题

1. 综合监控系统对大系统空调的监视点位有哪些？
2. 地铁BAS系统监控对象主要包括哪些？
3. 车站BAS系统有哪几种控制方式？
4. BAS系统只监不控的设备有哪些？
5. 什么是小系统？包括的设备有哪些？
6. 什么是大系统？包括的设备有哪些？
7. 综合监控系统与哪些系统有接口？
8. 简述下列缩写字母的含义：BAS、PSCADA、FAS、ACS、ISCS。
9. ISCS系统的功能是什么？
10. 综合监控系统对扶梯的监视点位有哪些？

第 9 章 城市轨道交通综合监控典型故障及处理

9.1 故障处理前的准备工作

① 工器具准备：根据调度反馈的情况，选用适合的工器具赶往现场。

② 材料准备：常用备品备件存放在工班材料库并标注名称、规格型号等，抢修备品备件使用后应及时补充完整。

③ 故障处理的一般原则：处理故障时，以"先通后复"为原则，以不影响列车正常运行为原则。处理故障过程中应严格遵守各项安全制度，严禁违规操作。应注意及时向调度或领导汇报故障处理的情况。

9.2 故障处理的一般流程

① 维修人员接到设备故障的通知或发现设备报警时，应立即赶往故障所在车站，向车站值班人员详细了解设备发生故障的过程，并查看综合监控工作站上显示的故障信息。

② 向车站进行请点并开始作业。

③ 到现场试验故障设备，掌握设备的运行现状。

④ 按照各种设备的故障处理程序进行故障排除工作。在处理过程中应遵循故障处理的一般原则，并随时保持通信联络的畅通。

⑤ 作业结束后，确认设备已恢复正常运行，办理销点手续将设备交付使用，并向调度汇报故障原因及处理结果。

9.3 典型故障类型

1. ISCS 的给排水界面显示局部排水泵通信闪烁

（1）故障类型

车站 ISCS 的给排水界面显示局部排水泵通信闪烁。

(2) 故障现象

ISCS 给排水界面显示局部排水泵通信闪烁，导致车站值班员无法实时监控现场局部排水泵的实时状态信息。

(3) 故障分析

① 车站 ISCS 给排水界面显示局部排水泵通信闪烁，ISCS 系统无法正确显示现场水泵的实时状态信息。

② 通过在线查看 PLC 程序发现现场局部排水泵传输的通信心跳值是正确的（间隔 1 s 发送心跳值），经过程序判断后给 ISCS 传输的通信状态仍然为心跳值，所以 ISCS 显示在通信正常和通信中断间闪烁。

③ 通过查看局部排水泵功能块的通信判断部分的程序，发现通信判断逻辑关系存在错误，重新修改通信判断的程序，如图 9.1 所示。

④ 修改程序后对 PLC 程序进行重新下载，在下载程序时需先将备 PLC 运行状态切换到 STOP 状态，通过 step7 软件对四台 CPU 的程序进行更新，更新程序后恢复 CPU 运行状态，重新查看 ISCS 给排水界面局部排水泵通信恢复正常。

(4) 故障处理

此次故障原因为 PLC 程序错误导致，修改更新 PLC 程序后恢复正常。

(5) 注意事项

对设备进行及时保养与维护。

2．OPS 大屏显示故障

(1) 故障类型

调度大厅 1 号线 OPS 大屏显示故障。

(2) 故障现象

1 号线调度大厅 OPS 大屏显示故障，造成视频处理器无法正常供电，造成黑屏、花屏现象，如图 9.2 所示。

(3) 故障分析

① 机电中心工班人员接报故障后，立即到现场查看，发现 1 号线控制中心调度大厅大屏幕系统显示部分区域显示黑屏，信号源无法上传。

② 检查发现处理器中两块电源模块指示灯显示故障告警，外供电源正常供电，遂采取应急措施重启设备，仍有部分显示屏出现花屏和黑屏现象。

③ 经初步判断故障原因：由于 ARK-3100 视频处理器的电源模块故障，无法对视频处理卡正常供电造成。

(4) 故障处理

① 采用备用电源（单个电源模块供电）应急临时方案，同时协调大屏制造厂家紧急调配备件工作。

② 采用单电源模块供电后，大屏恢复正常，但一个小时后，第二台视频处理器中的单电源模块再次发生故障。

③ 大屏视频处理器到达控制中心并完成更换，设备运行正常。

第 9 章　城市轨道交通综合监控典型故障及处理

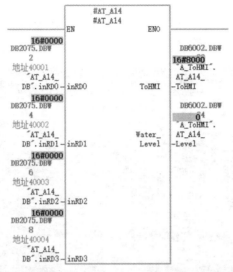

Address	Name	Type	Initial value	Actual value	Comment
0.0	Command_1_STATUS	WORD	W#16#0	W#16#0000	第1条命令的状态，0=正常，1=无响应，2=站号错误，3=命令错误，4=CRC
2.0	inRD0	WORD	W#16#0	W#16#0000	地址40001
4.0	inRD1	WORD	W#16#0	W#16#0000	地址40002
6.0	inRD2	WORD	W#16#0	W#16#0000	地址40003
8.0	inRD3	WORD	W#16#0	W#16#0000	地址40004

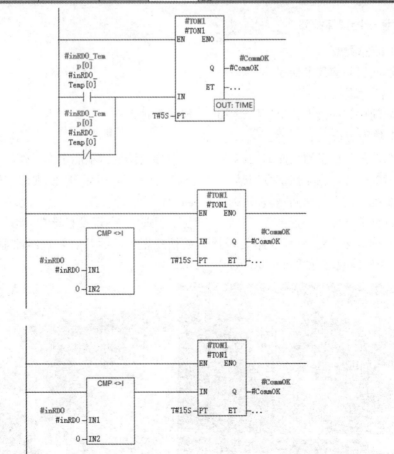

图 9.1　车站 ISCS 的给排水 PLC 程序

（5）注意事项

更换处理器电源模块；要求维保单位针对日常整机设备中的一些易损件，进行再次梳理、储备，避免因备件原因耽误抢修进度。

图9.2　大屏显示故障

3．读卡器损坏故障

（1）故障类型

气瓶间房间的读卡器损坏。

（2）故障现象

气瓶间房间的读卡器损坏导致房间不能正常进入。

（3）故障分析

此次故障是读卡器里面的通信线松动脱落导致读卡器不能正常工作。

读卡器损坏。到车控室登门禁软件查看门禁是正常且常开，发现门可以打开，因此确定门禁系统是没有任何问题，确定为读卡器损坏。

观察读卡器外观是否正常，判断是否是人为损坏。发现没有异常，指示灯是亮着的。

拆开读卡器外壳，看其线路是否掉落或松脱现象。拆开后发现线路显然已经松脱下来，黄色通信线脱落，如图9.3所示。

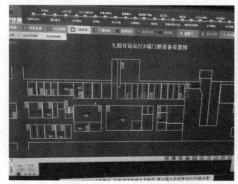 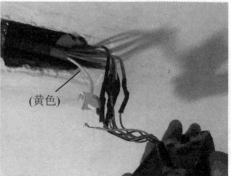

图9.3　读卡器损坏

(4) 故障处理

将线路接通,用绝缘胶布黏好,并将外壳套上去,再用正常的员工卡去刷读卡器,发现读卡器正常读取,并且门恢复正常工作。

(5) 注意事项

对设备进行定期的检查,并保证每一次的巡检落实到位,后期这样的小问题才会减少。

习　题

1. 故障处理的一般原则是什么?
2. 故障处理前的准备工作是什么?
3. 故障处理的一般流程是什么?
4. ISCS给排水界面显示局部排水泵通信闪烁是什么原因造成的?
5. OPS大屏显示故障是什么原因造成的?
6. 气瓶间房间的读卡器损坏是什么原因造成的?

第 10 章　城市轨道交通综合监控检修

10.1　综合监控检修工器具

了解电工常用工具是综合监控维护人员应具备的基本知识。电工常用工具主要有电工仪表和电工工具。

10.1.1　电工常用基本工具

电工常用基本工具也是维修电工必备的工具,包括试电笔、钢丝钳、电工刀、螺丝刀和扳手。

1. 试电笔

试电笔简称电笔,是电工常用的低压试电器。用它可以方便地检查低压线路和电气设备是否带电,其检测电压在 60~500 V 之间。为了便于使用和携带,试电笔常做成钢笔式或螺丝刀式结构。

试电笔由氖管、2 MΩ 电阻、弹簧、笔身和笔尖构成。弹簧、氖管和电阻依次相连。两端分别与金属笔尖和金属笔挂相接。使用时,金属笔尖接触被测电路或带电体,人的手指接触金属挂相接。这样电路或带电体与电阻、氖管、人体和大地形成导电回路。当带电体与地之间的电压超过 60 V 时,笔身中的氖管发出红色辉光,表明被测体带电。

使用注意事项:

① 使用试电笔前,一定要在有电的电源上检查试电笔氖管能否正常发光,确保试电笔无误,方可使用。

② 在明亮的光线下测试时,不易看清氖管是否发光,应遮光检测。

③ 试电笔的金属笔尖多制成螺丝刀形状,但只能承受很小的扭矩。

2. 电工刀

电工刀是电工在安装与维修过程中用来剖削电线电缆绝缘层,切割木台缺口、削制木桩及软金属的工具。电工刀刀柄是无绝缘保护的,不能在带电导线或器材上剖削,以防触电。

3. 螺丝刀

螺丝刀又称改锥或起子,它是一种紧固或拆卸螺钉的工具,是维修电工必备工具之一。

螺丝刀式样和规格很多，按头部形状可分为一字形和十字形两种，按握柄所用材料分为木柄和塑料柄两种。每一种螺丝刀又分为若干规格，电工多采用绝缘性能较好的塑料柄螺丝刀。

维护人员进行带电操作之前，必须检查用电工具绝缘把套的绝缘是否良好，以防绝缘损坏，发生漏电事故。

10.1.2 常用电工仪表

1．万用表

万用表又称复用表，它是一种多用途、多量程仪表。一般以测量电流、电压和电阻为主，习惯叫作三用表。有的万用表还可以测量电感、电容、功率等。所以万用表是维修电工必备的测量仪表。

万用表的测量种类及量程的选择是靠转换装置实现的，转换装置通常由转换开关、接线柱、插孔等组成，转换开关有固定触点和活动触点，位于不同位置，接通相应的触点，构成相应的测量电路，如图 10.1 所示。

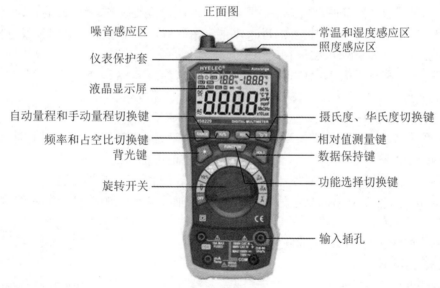

图 10.1　万用表

(1) 电阻的测量

① 红表笔插入 VΩ 孔。

② 黑表笔插入 COM 孔。

③ 量程旋钮打到"Ω"量程挡适当位置，分别用红、黑表笔接到电阻两端金属部分。

④ 读出显示屏上显示的数据。

(2) 直流电压的测量

① 红表笔插入 VΩ 孔。

② 黑表笔插入 COM 孔。

③ 量程旋钮打到 V-适当位置。
④ 读出显示屏上显示的数据。
(3) 交流电压的测量
① 红表笔插入 VΩ 孔。
② 黑表笔插入 COM 孔。
③ 量程旋钮打到 V～适当位置。
④ 读出显示屏上显示的数据。
(4) 直流电流的测量
① 断开电路。
② 黑表笔插入 COM 端口，红表笔插入 mA 或者 20 A 端口。
③ 功能旋转开关打至 A-。
④ 选择合适的量程。
⑤ 断开被测线路，将数字万用表串联入被测线路中，被测线路中电流从一端流入红表笔，经万用表黑表笔流出，再流入被测线路中。
⑥ 接通电路，读出 LCD 显示屏数值。

2. 网络测试仪

网络测试仪通常指多种测试功能集成在一起的网络检测设备，如集成链路识别、电缆查找、电缆诊断、扫描线序、拓扑监测、Ping 功能、寻找端口、POE 检测等。因其设备功能齐全，应用范围广，可胜任网络维护、网络施工和线缆诊断等。

常规接法：橙白 1，橙 2，绿白 3，蓝 4，蓝白 5，绿 6，棕白 7，棕 8；交叉接法：绿白 3，绿 6，橙白 1，蓝 4，蓝白 5，橙 2，棕白 7，棕 8(图 2.2)。

(1) 网络测试仪的功能
① 网线线序测试、通断、交叉测试。同轴电缆、电话线和 USB 线的通断线序测试。
② 网线串扰测试，对线序不标准或周边环境引起的串扰测试。
③ 网线长度测试、电话线长度测试。同轴线缆长度测试、USB 线长度测试。
④ 网线内芯断线定位测试、电话线断线测试、同轴线缆断线测试、USB 线断线测试。
⑤ 超强寻线功能，可以在很多没有标记线缆中找到要找的线缆。
⑥ 测试网线连接交换机的通断状态。

(2) 故障判断
① 导线断路测试的现象：a. 当有 1 到 6 根导线断路时，主测试仪和远程测试端的对应线号的指示灯都不亮，其他的灯仍然可以逐个闪亮。b. 当有 7 根或 8 根导线断路时，主测试仪和远程测试端的指示灯全都不亮。
② 导线短路测试的现象：a. 当有两根导线短路时，主测试仪的指示灯仍然按着从 1 到 8 的顺序逐个闪亮，而远程测试端两根短路线所对应的指示灯将被同时点亮，其他的指示灯仍按正常的顺序逐个闪亮。b. 当有三根或三根以上的导线短路时，主测试仪的指示灯仍然从 1 到 8 逐个顺序闪亮，而远程测试端的所有短路线对应的指示灯都不亮。

10.2 综合监控检修流程

综合监控系统检修流程一般分为作业前、作业时以及作业后,上述的三项流程对检修作业安全防范措施有着至关重要的作用。

1. 检修作业前准备工作

综合监控专业检修前准备工作主要分为工器具清点、劳保用品穿戴、安全交底、请点等内容,如图 10.2 所示。

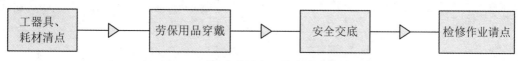

图 10.2 综合监控专业检修前准备工作

① 工器具准备:在检修作业开始前应检查工器具情况,例如,所带工器具是否齐全、功能是否正常、耗材及备件是否充足(进入轨行区需带红闪灯);通过检查确保所带工器具、耗材及备件满足本次检修作业内容。

② 劳保用品穿戴:在检修作业开始前应检查所有检修人员、配合人员劳保用品穿戴情况,例如,工装、劳保鞋、荧光衣、安全帽、安全带等是否带全,有无破损情况;通过检查以确保所有人员正常穿戴合格的劳保用品。

③ 安全交底:在检修作业开始前应向所有检修人员、配合人员进行安全交底,根据检修人员、配合人员作业内容进行针对性安全交底,要求作业人员了解本次作业内容、注意事项、安全重点等并能复述;通过安全交底提高所有人员安全意识,盯控安全防护措施。

④ 请点作业:在完成上述作业后且在检修作业开始前应向车站、段场属地管理部门进行作业请点申请,在请点过程中进一步明确施工作业范围,进一步要求做好现场防护,进一步梳理人员、物资情况;通过请点管理制度,进一步降低现场作业监控及检查不足等可能导致安全事件的发生。

2. 检修作业期间

综合监控专业检修作业期间涉及的流程主要有专业设备房登记、气灭房间手/自动切换、检修作业内容、登高和动火作业(如有),如图 10.3 所示。

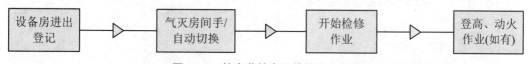

图 10.3 综合监控专业检修作业流程

① 专业设备房登记:轨道交通综合监控专业接口众多,需要进出一些重点专业设备房,应由各专业确认同意且登记后方可进入相应设备房进行作业。

② 气灭房间手/自动切换:轨道交通火灾自动报警系统处于自动状态,在综合监控检修作业期间进入气灭房间时应将气灭房间外的气体灭火控制盘切换成手动状态,在确定切

换成手动状态后方可进入相应房间进行作业。

③ 检修作业:在完成上述步骤后开始按照《综合监控系统检修规程》对检修内容进行逐一作业。

④ 登高、动火作业:综合监控检修作业期间若需要进行登高或者动火作业,例如,门禁、BAS就地箱登高检修,相关箱柜、门锁焊接等;在登高、动火作业时必须持证上岗,同时应执行一人作业一人监护原则。

3. 检修作业后收尾工作

综合监控专业检修作业后,收尾工作主要包含确认设备恢复情况、记录检修问题、清点工器具、施工总结、作业销点和提交线上检修工单,如图10.4所示。

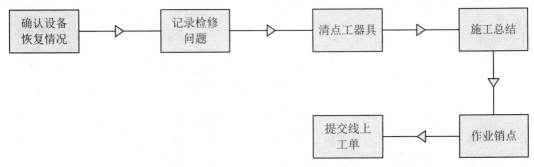

图 10.4 检修作业后收尾工作

① 确认设备状态:在综合监控检修作业完成后,各专业确认设施设备是否恢复检修作业前状态,非正常状态的问题是否都已消除,确认设施设备满足运行要求。

② 记录检修问题:在综合监控检修作业期间发现的问题在作业完成后进行记录,并针对未完成整改的问题在后期做好跟踪直至闭环。

③ 清点工器具:在综合监控检修作业完成后清点工器具、备件及耗材的数量,清理现场;同时,施工负责人在人员、物资等确认出清后对作业区域进行巡视,做到工完场清。

10.3 综合监控检修标准

10.3.1 检修的基本要求

1. 检修周期

综合监控在轨道交通行业的检修主要为预防性的计划检修,指设备在使用寿命期内经过规定的开动使用时间或一定使用周期后,进行预防性的定期检查、调整和各类维修,使其处于正常使用状态。在检修中,不同设备的保养、修理周期、间隔是确定的。

综合监控检修周期一般分为:日常保养、二级保养、小修等,即周检、季检、年检等。

2. 日常保养

日常保养以运行检查为主,周期为每周,其内容主要包括:
① 检查设备外观是否良好、是否存在异常。
② 检查设备周围环境是否良好,并做好维护工作。
③ 从工作站上检查系统设备是否正常运行,监控功能是否正常。
④ 每周对现场设备的运行状态进行巡视、记录;检查设备运行是否正常,发现异常及时上报、排除。

3. 二级保养

二级保养周期为每季度,其基本内容为:
① 设备外部清洁;检查接线端子及线缆连接情况。
② 输入输出端口的检查。
③ 对设备进行重启测试。

4. 小修

小修主要是指设备的年检,班组每年应对相关专业设备进行一次设备质量大检查,其主要内容为:
① 对设备主要功能进行全面测试,确保系统功能完整。
② 对曾发生故障的设备进行重点诊断、分析,消除隐患。
③ UPS 充放电测试及重要设备内部清灰保养。
④ 重点设备冗余切换测试。
⑤ 相关工程、程序备份。

10.3.2 检修内容

综合监控各子系统检修内容如表 10.1～表 10.3 所示。

表 10.1 综合监控检修内容

序号	检修项目	修程	检修内容	周期
1	综合监控工作站	日常保养	检查显示器、主机、鼠标键盘外观及线缆连线情况	每周
			检查工作站与服务器的通信状态	
			人机界面信息,参数在正常范围内,各接口界面显示正常,报警已处理	
			检查工作站时间与通信时钟同步情况	
		二级保养	重启工作站并登录系统	每季
			检查系统运行情况及磁盘剩余空间	
		小修	病毒查杀及磁盘整理,检查磁盘是否有坏区	每年
			显示器、主机、鼠标键盘表面清洁,拆卸主机,检查内部硬件并深度清洁	

续表

序号	检修项目	修程	检修内容	周期
2	服务器	日常保养	检查设备外观及状态指示灯	每周
			检查操作系统和各种应用软件运行状态是否正常	
			检查线缆连接及各插接部分	
		二级保养	检查与中心数据库通信状态	每季
			工程备份	必要时
		小修	重启服务器、进程并对服务器内部检查及清洁	每年
			检查主备冗余功能	
			检查系统运行情况	
3	KVM及显示器	日常保养	检查KVM切换显示主机是否正常	每周
			检查KVM、显示器、键盘是否干净、清洁、无灰尘	
4	FEP	日常保养	检查设备外观及状态指示灯	每周
			检查线缆连接及各插接部分	
			检查软件操作是否正常,是否无错误信息、死机等异常现象	
		小修	检查系统运行情况,检查冗余是否正常	每年
			重启FEP主机及进程	
5	综合监控交换机	日常保养	检查设备外观及状态指示灯	每周
			检查线缆连接及各插接部分	
		二级保养	通过命令对交换机各个端口运行状态进行检查	每季
			检查冗余功能是否正常	
		小修		每年
6	磁盘阵列	日常保养	检查设备外观及状态指示灯	每周
			检查线缆连接及各插接部分	
		二级保养	设备清洁及线缆整理	每季
7	IBP盘	日常保养	检查设备外观	每周
			检查柜体内情况:散热风扇正常运转无异响、防火泥无脱落、无漏洞	
			检查设备上方有无漏水现象	
		小修	IBP盘面清洁	每年
			IBP柜内设备清洁,线缆整理	
			按下IBP盘面各模块的试灯按钮	
			对各模块使能开关功能进行验证	

续表

序号	检修项目	修程	检修内容	周期
8	大屏幕系统	日常保养	检查各显示单元状态	每周
			检查机柜内线缆及各连接部分	
			检查机柜内各指示灯的状态	
			检查管理工作站运行情况	
		二级保养	设备重启	每季
			机柜内部清洁及线缆整理	
		小修	系统病毒查杀、数据备份	每年
9	功能验证	小修	详见综合监控年检测试方案	每年
10	UPS（巡检仪）	日常保养	检查设备外观、指示灯状态及线缆连接	每周
			巡检仪、UPS面板信息核对	
			蓄电池清洁	
		小修	UPS蓄电池放电测试	每年
11	配电柜、机柜及附属设备	日常保养	检查机柜外观及内外部清洁	每周
			检查线缆及各连接部分	
			检查机柜接地线连接情况	
			检查散热风扇工作是否良好、无异响	
			检查封堵密封性	
12	ISCS设备室	日常保养	检查机房内照明设备	每周
			检查机房温度、湿度情况	
			检查静电地板有无损坏，机房地面有无老鼠活动的痕迹	
			房间地面清洁除尘	
			检查房间内有无漏水现象	
			检查机房内房门、门禁设备	
			灭火器箱摆放正常、封条完好	

表 10.2 BAS 系统检修内容

一体化维护工作站	日常保养	检查一体化工作站表面	每周
		检查操作系统运行、监控软件运行、设备监控功能、触屏操作情况	
		检查线缆连接及各插接部分	
		检查就地级与车站级、中央级的通信情况	
	二级保养	检查系统磁盘剩余空间，必要时磁盘整理	每季
		机柜内外部清洁及线缆整理	
	小修	全面检查被控就地级设备的网络通信情况	每年
		重启并登录	
PLC 控制柜	日常保养	检查 PLC 控制柜外观及柜体、门锁检查，有无异味等	每周
		检查柜体风扇工作状态	
		检查控制器电源模块、CPU 模块、以太网通信模块等各模块外观及运行情况	
		检查线缆连接及各插接部分	
		检查开关电源、空气开关工作情况	
		检查柜内有无凝露、锈蚀情况	
		柜内封堵完好，防火泥无脱落	
	二级保养	检查开关电源输入、输出电压	每季
		检查模块的安装情况	
		对时检查	
		柜内清洁、设备除尘	
	小修	PLC 控制器及系统冗余测试	每年
		PLC 电池更换（按需）	
远程 I/O 模块箱	日常保养	检查远程 I/O 模块箱外观及柜体、门锁检查，有无异味等	每周
		远程 I/O 各模块指示灯工作是否正常	
		箱内封堵完好，防火泥无脱落	
	二级保养	检查箱内有无凝露、锈蚀情况	每季
		检查线缆连接及各插接部分紧固情况	
		检查箱内继电器等设备安装及运行情况，并对其清洁	
		箱内清洁、设备除尘	
	小修	对模块整体检查，并对其拆卸外壳、清洁除尘（必要时）	每年

续表

BAS交换机	日常保养	检查设备外观及状态指示灯	每周	
		检查线缆连接及各插接部分		
	二级保养	对交换机各个端口进行紧固	每季	
		设备清洁及线缆整理		
	小修	交换机配置备份（按需）	每年	

表 10.3 ACS 系统检修内容

1	门禁工作站	日常保养	查看操作系统和软件的界面切换功能，鼠标键盘能够正确响应	每周	
			查看界面有无报警信息，及时处理		
			检查工作站电源线、网线、VGA等接口线是否有松动，保证插接牢固		
			查看工作站时间与车控室母钟时间是否一致，不一致时应查看对时插件运行是否正常		
		二级保养	同综合监控工作站检修内容	每季	
		小修	同综合监控工作站检修内容	每年	
2	门禁中央服务器	日常保养	同综合监控服务器检修内容	每周	
		二级保养	工程备份	必要时	（程序修改后备份一次）
		小修	同综合监控服务器检修内容	每年	
3	门禁交换机	日常保养	检查设备外观及状态指示灯	每周	
			检查线缆连接及各插接部分		
		二级保养	对交换机各个端口进行紧固	每季	
			设备清洁及线缆整理		
4	门禁控制柜及附属设备	日常保养	同综合监控机柜检修内容	每周	
5	就地控制箱及其附属设备	二级保养	检查控制箱外观无锈蚀、无凝露、无异味、无异响	每季	
			柜门及柜体无掉漆现象		
			设备各状态指示灯正常（主要看通信指示灯和电源指示灯）		
			检查电源线、网线等接口线是否有松动，保证插接牢固		
			设备清洁及线缆整理		

续表

6	就地级设备	日常保养	门禁磁力锁及读卡器状态正常	每周
			检查磁力锁及外观、无凝露、无异味、无异响	
			磁力锁、读卡器、出门按钮的所有固定螺丝无松动、脱落现象	
			机电一体锁安装牢固，无松动、脱落现象	
			门把手无松动、脱落，把手回弹正常	
			机电一体锁刷卡功能正常，螺线管撞针回弹正常	
		二级保养	过线器安装牢固，无松动、无夹线现象	每季
			检查电源线、通信线等接口线是否有松动，保证插接牢固	
			对读卡器、磁力锁、出门按钮等表面清灰保养	
			磁力锁衔铁或机电一体锁紧固	
7	可视对讲装置	日常保养	检查控制箱外观无锈蚀、无凝露、无异味、无异响	每周
			检查电源线、网线等接口线是否有松动，保证插接牢固	
			设备各状态指示灯正常（主要看通信指示灯和电源指示灯）	
			可视对讲开门解锁按钮，按压灵活，开门灵敏	
			可视对讲成像画面清晰	
			对可视对讲外部及线缆清灰保养	

10.3.3 检修标准

1. 门禁系统检修标准

（1）门禁工作站

① 系统运行。

a. 查看操作系统和软件的界面切换功能，鼠标键盘能够正确响应。

b. 查看界面有无报警信息，及时处理。

c. 无异响，无异味，运行正常。

d. 检查工作站电源线、网线、VGA 等接口线是否有松动，保证插接牢固。

e. 查看工作站时间与车控室母钟时间是否一致，不一致时应查看对时插件运行是否正常。

② 磁盘容量、内存、CPU 负荷符合要求（小于30%）。

打开任务管理器，进入性能界面，查看磁盘容量、内存及 CPU 负荷并记录。

③ 显示器亮度、色彩正常,无明显的坏点。
④ 工作站重启(软重启)。
重启工作站,并正确登录用户名及密码,软件正常运行。
⑤ 工作站内外部清洁。
a. 使用无纺布清洁显示器、主机外部及线缆。
b. 关机断电,拆卸主机外壳,首先使用吹风机对主机内部进行清灰。
c. 使用无纺布对主机内部板卡、风扇等进行再次清洁。
(2) 门禁服务器
① 系统运行。
a. 查看服务器操作系统和软件的界面切换功能。
b. 检查服务器电源线、网线等接口线是否有松动,保证插接牢固。
c. 无异响,无异味,状态指示灯显示正常(前面板 RUN 指示灯绿灯常亮,故障灯灭)。
② 磁盘容量、内存、CPU 负荷符合要求(小于30%)。
远程连接服务器,进入性能界面,查看磁盘容量、内存及 CPU 负荷并记录。
③ 服务器重启(软重启)。
a. 远程服务器,确保服务器运行正常。
b. 通过软件重启服务器,重启完成后,打开门禁软件并正确登陆,查看软件运行状态是否正常(重点关注与各车站的通信状态)。
④ 服务器内外部清洁。
a. 使用无纺布清洁服务器外部及线缆。
b. 对服务器连接的所有电源线、网线、接口线、光纤等核实其位置,之后将其拔掉,把服务器按导轨方向将其拉出。
c. 用螺丝刀把服务器顶盖卸掉,取出风扇,用吹风机对风扇及服务器内部进行清灰。
d. 使用无纺布对主机内部板卡、风扇等进行再次清洁。
e. 清洁完毕后将风扇安装完好(不宜用力过大,以防损伤插槽),将服务器顶盖扣好,上紧螺丝后将服务器推回至机柜内,把之前拔掉的所有电源线、网线、接口线、光纤等恢复到原先的接口位置。
f. 为服务器送电,开机,打开门禁软件,正确登陆,确认软件运行正常。
(3) 主控制器
① 门禁主控制器状态。
a. 检查控制箱外观无锈蚀、无凝露、无异味、无异响。
b. 检查电源线、网线等接口线是否有松动,保证插接牢固。
c. 无异响,无异味,设备各状态指示灯正常(主要看网络指示灯和电源指示灯)。
d. 柜门及柜体无掉漆现象。
② 主控制器清洁。
使用无纺布清洁主控制器外部及线缆。
(4) 就地控制器
① 门禁就地控制器状态。
a. 检查控制箱外观无锈蚀、无凝露、无异味、无异响。

b. 检查电源线、网线等接口线是否有松动,保证插接牢固。

c. 无异响,无异味,设备各状态指示灯正常(主要看通信指示灯和电源指示灯)。

d. 柜门及柜体无掉漆现象。

② 就地控制器清洁。

使用无纺布清洁主控制器外部及线缆。

(5) 机电一体锁及读卡器

① 机电一体锁及读卡器状态。

a. 检查机电一体锁及读卡器外观,无凝露、无异味、无异响。

b. 检查电源线、通信线等接口线是否有松动,保证插接牢固。

c. 门把手回弹正常。

d. 刷卡功能正常。

e. 门内开锁功能正常。

f. 机电一体锁、读卡器,所有固定螺丝无松动、脱落现象。

g. 门把手回弹正常,螺线管撞针回弹正常。

② 机电一体锁、读卡器清洁。

使用无纺布清洁读卡器、机电一体锁表面。

2. BAS 系统检修标准

(1) 一体化维护工作站

① 系统运行。

a. 查看界面切换功能,切换顺畅,且界面无麻点等异常现象。

b. 查看界面有无报警信息,及时处理。

c. 无异响,无异味,运行正常。

d. 检查电源线、网线等接口线是否有松动,保证插接牢固。

e. 查看一体化工作站时间与 PLC 时间车站母钟时间是否一致。

② 内存符合要求(小于 30%)。

点击系统配置,查看内存。

③ 显示器亮度、色彩正常,无明显的坏点。

④ 一体化工作站重启。

断电关机,重启之后软件正常运行。

⑤ 权限切换。

在界面上分别点击"上位机权限""触摸屏权限",权限切换正常。

⑥ 设备表面清洁。

使用无纺布清洁显示器及线缆。

(2) PLC 控制柜,I/O 模块箱

① 运行检查。

a. 电源供电正常。

b. 柜内设备各指示灯显示正常。

c. 柜内无异响、无异味、无过热现象。

d. 柜内封堵严密,防火泥无脱落、无漏洞。

e. 检查柜内线缆是否有破皮、锈化、松动，保证插接牢固。

f. 柜体上方无漏水。

② 校准时间日期。

a. 用网线连接笔记本和主 PLC，打开软件，连接主 PLC，下载主程序。

b. 打开结构视图，双击配置，双击 CPU 模块，查看动态显示，校准时间。

③ PLC 模块、柜内开关电源、继电器等灰尘清洁。

a. 用吹风机清洁 PLC 模块、电源模块、通信模块、输入/输出模块灰尘。

b. 用无纺布清洁模块散热孔处、线缆表面灰尘。

c. 继电器、一体机、交换机灰尘用吹风机及无纺布清洁。

（3）车站 PLC 冗余切换

穿戴防静电用品，断开主 PLC 电源，观察备用 PLC 是否跟踪切换为主。刚断电的 PLC 电源重新送电，观察此 PLC 是否跟踪切换为备用。再次把另外一路 PLC 电源断电，观察备用 PLC 是否跟踪切换为主，最后把断电的 PLC 电源重新送电，观察此 PLC 是否跟踪切换为备用。

（4）程序备份

用网线，连接 CPU 和笔记本电脑，打开软件，备份程序文件。

（5）更换 CPU 内部电池

a. 打开 CPU 模块前面的门，向上推动电池盒中的固定片。

b. 将电池连接器从复位开关上方的两针插槽中拔出，并拔出旧电池。

c. 将新电池的连接器插入电池盒外壳中的两针插槽。

d. 将新电池的加号（+）端插入外壳并将其滑入，直到固定片咬合为止。

3. 综合监控系统检修标准

（1）综合监控工作站

① 系统运行。

a. 查看操作系统和软件的界面切换功能，鼠标键盘能够正确响应。

b. 查看界面有无报警信息，及时处理。

c. 无异响、无异味，运行正常。

d. 检查工作站电源线、网线、VGA 等接口线是否有松动，保证插接牢固。

e. 查看工作站时间与车控室母钟时间是否一致，不一致时应查看对时插件运行是否正常。

② 磁盘容量、内存、CPU 负荷符合要求（小于 30%）。

打开任务管理器，进入性能界面，查看磁盘容量、内存及 CPU 负荷并记录。

③ 显示器亮度、色彩正常，无明显的坏点。

④ 工作站重启（软重启）。

重启其中一台工作站，并正确登录用户名及密码，软件正常运行；再重启另一台工作站，步骤同上。

⑤ 工作站内外部清洁。

a. 使用无纺布清洁显示器、主机外部及线缆。

b. 关机断电，拆卸主机外壳，使用吹风机、皮老虎对主机内部进行清灰。

c. 使用毛刷对主机内部板卡等进行清洁。

d. 拆卸风扇,使用毛刷或无纺布清洁。

e. 拆卸 CPU 散热器,建议每年更换一次散热硅脂。

f. 检查主机内部线缆布线情况,需要时可用扎带进行整理。

(2) UPS

① 运行检查。

a. 检查 UPS 主机,蜂鸣器无报警声,UPS 控制面板无报警信息。

b. 无异响,无异味,状态指示灯显示正常(市电正常时,整流灯、逆变灯、负载灯、旁路灯绿色常亮;UPS 蓄电池供电时,电池灯、逆变灯、负载灯绿色常亮)。

c. 蓄电池无鼓包、无漏液,记录各节电池电压及内阻。

d. 蓄电池组监护模块状态指示灯正常(电源、电压、内阻指示灯绿色常亮;主发送、接收及从发送、接收指示灯绿色闪亮;故障指示灯灭)。

e. 记录市电输入电压(标准值为 380V±10%)。

f. 检查机柜内风扇运行情况,确认通风格栅无阻塞。

g. 检查 UPS 电源线、网线、空开等接口线是否有松动,保证插接牢固。

② UPS 清洁。

a. 使用无纺布和毛刷对 UPS 主机、机柜、蓄电池及监护模块进行外部清洁。

b. 内部清洁前,应将 UPS 切换至维修旁路。

c. 断开 Q1、Q2、Q5 及 KM。

d. 打开 UPS 门板和内部保护盖板,拆卸风扇,使用吸尘器吸去表面灰尘;观察内部板卡,电容无漏液变形、线缆无老化磨损过温痕迹,若发现内部电路板出现上述隐患,应处理。

e. 对拆卸的风扇进行清灰,完成后重新安装风扇,关闭盖板。

f. 重新合上 UPS 市电输入,按启动步骤启动 UPS,将负载转到逆变供电。

③ UPS 充放电。

a. 放电模块内部继电器检查,若发现继电器出现生锈腐蚀等情况,应更换放电模块或联系厂家处理。

b. 放电前应测量蓄电池柜上方空开电压,正常为 400 V 左右。

c. 按照 UPS 充放电步骤进行充放电作业,注意如下:放电过程中,每隔一小时在记录表记录所有蓄电池电压值,放电时间不低于 2 小时,记录不少于两组所有蓄电池放电电压数据;放电完成后,恢复逆变供电。

(3) 服务器

① 系统运行。

a. 远程连接服务器,查看服务器操作系统和软件的界面切换功能。

b. KVM 连接、切换服务器功能正常。

c. 检查服务器电源线、网线等接口线是否有松动,保证插接牢固。

d. 无异响,无异味,状态指示灯显示正常(前面板 RUN 指示灯绿灯常亮,故障灯灭)。

② 磁盘容量、内存、CPU 负荷符合要求(小于 30%)。

使用 KVM 分别远程连接两台服务器,打开任务管理器,进入性能界面,查看磁盘容量、内存及 CPU 负荷并记录。

③ 服务器重启(软重启)。

a. 远程两服务器,确保两台服务器运行正常。

b. 通过软件重启主服务器,重启完成后,打开软件并正确登陆,查看软件运行状态是否正常(重点关注 PSCADA、BAS 及 PSD)。

c. 备服务器重启步骤同上。

④ 服务器内外部清洁。

a. 使用无纺布清洁服务器外部及线缆。

b. 远程一台服务器,关闭软件后关机(关闭软件后需确认服务器已切换至备用服务器,ISCS 上位监控功能正常;不允许直接断电关机)。

c. 对服务器连接的所有电源线、网线、接口线、光纤等核实其位置,之后将其拔掉,把服务器按其导轨方向将其拉出。

d. 用螺丝刀把服务器顶盖卸掉,取出风扇,用吹风机对风扇及服务器内部进行清灰。

e. 使用无纺布、毛刷对主机内部板卡、风扇等进行再次清洁。

f. 清洁完毕后将风扇安装完好(不宜用力过大,以防损伤插槽),将服务器顶盖扣好,上紧螺丝后将服务器推回至机柜内,把之前拔掉的所有电源线、网线、接口线、光纤等恢复到原先的接口位置。

g. 为服务器送电,送电后 5 min 左右待风扇运转后,按下服务器前面板开机键开机,打开软件,正确登陆,确认软件运行正常。

h. 同理,按照上述步骤进行备用服务器的内外部清洁作业。

⑤ 服务器冗余切换(可与服务器内部清灰保养一并进行)。

a. 作业前先检查两台服务器工作状态,软件运行正常,服务器状态指示灯显示正常(前面板 RUN 指示灯绿灯常亮,故障灯灭)。

b. 远程一台服务器,关闭软件,确认 ISCS 上位监控功能正常;确认正常后将软件打开并正确登陆。

c. 同理,按照上述步骤进行备用服务器冗余切换作业。

⑥ 工程备份。

打开软件工程管理器,找到本站工程,备份至 D 盘根目录下。

(4) FEP

① 系统运行。

a. 在 ISCS 工作站查看与 FEP 连接相关专业通信状态是否正常(主要观察 PSD 及 PA 等)。

b. 检查 FEP 电源线、网线等接口线是否有松动,保证插接牢固。

c. 无异响,无异味,无死机等异常。

② FEP 重启(软重启)。

a. 远程两台 FEP,确保两台 FEP 运行正常。

b. 使用快捷键进入运行菜单进入命令界面。

c. 输入命令关机并重启,查看 ISCS 上位与 FEP 连接相关专业通信状态是否正常。

d. 另一台 FEP 重启步骤同上。

③ FEP 冗余切换。

a. 远程两台 FEP，确保两台 FEP 运行正常。

b. 使用快捷键进入运行菜单，进入命令界面。

c. 输入命令关机，查看 ISCS 上位与 FEP 连接相关专业通信状态是否正常；确认正常后按开机键对此台 FEP 开机。

d. 另一台 FEP 冗余切换步骤同上。

④ FEP 清洁。

使用无纺布清洁 FEP 外部及线缆。

(5) 交换机

① 系统运行。

a. 在 ISCS 工作站查看与交换机连接相关专业通信状态是否正常（主要观察 BAS、ACS、FAS、PSCADA 等）。

b. 检查交换机电源线、网线等接口线是否有松动，保证插接牢固。

c. 无异响，无异味，状态指示灯显示正常（主要查看电源指示灯及网口状态指示灯）。

② 交换机冗余切换。

a. 确认两台交换机运行正常。

b. 直接对一台交换机进行断电关机操作，观察 ISCS 上位与交换机连接相关专业通信状态是否正常；确认正常上电开机。

c. 另一台交换机冗余切换步骤同上。

③ 交换机清洁。

使用无纺布清洁交换机外部及线缆。

④ 交换机配置备份。

a. 使用 CONSOLE 口专用线，将维护电脑连接至交换机。

b. 接入交换机后，输入用户名及密码。

c. 输入命令进入特权模式。

d. 输入命令显示正在运行的配置，然后将配置进行复制到文本文档中进行保存。

(6) IBP 盘

① 运行状态检查。

a. IBP 盘盘面各指示灯显示状态正常，转换开关与对应指示灯显示一致。

b. 马赛克及按钮保护盖无缺失，外观无破损。

c. 柜内风扇、照明运行正常，无异响，无异味。

d. 柜内封堵严密，防火泥无脱落、无漏洞。

e. 检查柜内电源线、网线等接口线是否有松动，保证插接牢固。

f. 设备上方无漏水。

② IBP 盘清洁。

打开柜门，使用吹风机、无纺布或毛刷对柜内 BAS 模块、开关电源、继电器等进行清洁。

(7) 控制中心大屏

① 大屏幕显示单元清洁。

a. 分别打开大屏显示单元后盖。

b. 使用无纺布、毛刷对大屏显示单元内部进行清洁。

c. 用半干抹布进行大屏幕现实单元主机的外表清洁，重点清洁有透气孔等容易被灰尘堵塞的盖板等处。

d. 检查单元内部机芯电源线、网线、DVI 及 RGB 等接口线是否有松动，保证插接牢固。

e. 清洁电源线及接口线附近区域时小心不要触碰电源接口线，以免造成接口松动而造成屏幕单元断电关闭或异常显示。

f. 单元清洁完毕盖上后盖，观察该单元显示有无异常，清洁完毕，依次进行其他单元的清洁。

② 大屏工作站。

a. 使用无纺布清洁显示器、主机外部及线缆。

b. 关机断电，拆卸主机外壳，首先使用吹风机对主机内部进行清灰。

c. 使用无纺布对主机内部板卡、风扇等进行再次清洁。

d. 显示器亮度、色彩正常，无明显的坏点。

e. 工作站重启，重新登录大屏软件，观察界面运行正常。

③ 大屏重启。

a. 通过大屏工作站大屏软件对该时 CCTV 显示编号进行备份。

b. 通过大屏软件对大屏进行整墙关机半个小时以上。

c. 通过软件整墙开机，把大屏机柜上 3 台 ARK3000 处理器和 1 台 Magic 处理器打开，首先恢复 CCTV 显示，其次进行 PSCADA 及 ATC 信号源投屏。

d. 调整 PSCADA 及 ATS 显示位置，一般 ATS 显示在大屏上方，PSCADA 显示在大屏下方。

④ 杀毒及资源备份。

a. 打开大屏工作站，点击 VWAS Panel 图标。

b. 在弹出窗口中点击资源备份，存储至工班指定位置。

c. 通过大屏工作站旁连接大屏处理器的鼠标，控制大屏界面，打开杀毒软件。

d. 通过杀毒软件进行杀毒。

习 题

1. 使用试电笔前注意事项是什么？
2. 万用表的各测量种类及量程的选择是靠什么实现的？
3. 网络测试仪大致都包括哪些功能？
4. 综合监控系统检修流程一般分为哪几步？
5. 检修作业前准备工作有哪些？
6. 综合监控专业检修作业后收尾工作主要包含哪些？

7. 综合监控专业检修周期一般分为哪些？
8. 综合监控专业日常保养的周期是什么？内容主要包括哪些？
9. 综合监控专业二级保养的周期是什么？内容主要包括哪些？
10. 综合监控专业小修的周期是什么？内容主要包括哪些？
11. 综合监控工作站的检修内容是什么？
12. IBP盘的门禁系统检修标准是什么？

参 考 文 献

[1] 段明华.城市轨道交通 PLC 开发与应用[M].合肥:中国科学技术大学出版社,2021.
[2] 颜月霞.城市轨道交通综合监控系统[M].北京:人民交通出版社,2015.
[3] 汪国利.城市轨道交通综合监控检修工[M].北京:人民交通出版社,2017.
[4] 合肥市轨道交通 3 号线综合监控系统集成及安装项目技术规格书[S].合肥:合肥城市轨道交通有限公司,2018.
[5] 合肥市轨道交通 4 号线综合监控系统集成项目技术规格书[S].合肥:合肥城市轨道交通有限公司,2019.